Barbara Sher

Grenzenlos träumen

Wie du deine Sehnsüchte und Wünsche wahr werden lässt

Aus dem Englischen
von Bettina Lemke

dtv

Ausführliche Informationen über
unsere Autoren und Bücher
www.dtv.de

Dieses Buch ist auch als eBook erhältlich.

Bei dtv ist von Barbara Sher außerdem lieferbar:
›Ich könnte alles tun, wenn ich nur wüsste, was ich will‹
›Du musst dich nicht entscheiden,
wenn du tausend Träume hast‹
›Für deine Träume ist es nie zu spät‹
›Lebe das Leben, von dem du träumst‹

dtv Verlagsgesellschaft mbH & Co. KG, München
© 2017 Barbara Sher
Englischer Originaltitel:
A Survival Guide for Dreamers. Getting Past Procrastination
and Resistance
Deutschsprachige Ausgabe:
© 2019 dtv Verlagsgesellschaft mbH & Co. KG, München
Das Werk ist urheberrechtlich geschützt.
Sämtliche, auch auszugsweise Verwertungen bleiben vorbehalten.
Umschlaggestaltung: Ruth Botzenhardt/buxdesign, München
Illustrationen im Innenteil: © Katharina Netolitzky
Satz: Uhl + Massopust, Aalen
Gesetzt aus der Goudy Old Style, Amatic Bold und Naima
Druck und Bindung: CPI books GmbH, Leck
Gedruckt auf säurefreiem, chlorfrei gebleichtem Papier
Printed in Germany · ISBN 978-3-423-26220-0

Für Eleanor F., die mir diesen Brief
vor vielen Jahren geschickt hat und
deren Stimme ich beim Schreiben meiner Bücher
stets im Kopf habe.

Liebe Barbara,

ich danke Ihnen. Obwohl Ihr Buch für mich vielleicht zu spät gekommen ist (ich bin 74). Warum habe ich so lang gebraucht, um Ihr Buch zu entdecken? Warum habe ich nichts darüber gehört? Ich wünschte, ich hätte davon gewusst. Es sollte zur Pflichtlektüre in unseren Schulen werden. Kindergärtner sollten Teile davon kennen, und es sollte zur Ausbildung von Lehrern dazugehören. Es sollte zur Pflichtlektüre aller Eltern werden, die ein Kind erwarten, und in jeder Frauenarztpraxis verteilt werden.
Ich hätte Architektin werden können, Innenarchitektin, Medizinerin, Schriftstellerin, Linguistin, Weltreisende und Initiatorin verschiedener Denkmalpflegeprojekte auf der ganzen Welt. Ich hätte ein eigenes Haus entwerfen können, hoch oben auf einer Klippe, mit jedweder Aussicht, die ich mir gewünscht hätte! Ich hätte zu einem Team von Medizinern auf dem Schiff ›Hope‹ gehören können! Ich hätte meinen eigenen Wildpark in Afrika haben und mein Leben der Pflege der Tiere und dem Artenerhalt widmen können.
Als ich nach der Highschool unbedingt eine Ausbildung zur

Krankenschwester machen wollte, untersagten es mir meine strengen, aber fürsorglichen Eltern. »*Du müsstest dann männliche Körperteile ansehen, und das ist nicht damenhaft*«*, hieß es. Also blieb ich weiterhin eine* »*Dame*« *und arbeitete als Verkäuferin in Blumenläden und anderen Geschäften, als Sekretärin und als Büroangestellte.*
Ich bemühe mich immer noch. Ich habe meinen ersten Roman zur Hälfte fertiggestellt, aber mir ist sehr bewusst, wie die Chancen beim ersten Roman stehen.
Nochmals danke für Ihr Buch. Es hat mich die ganze Nacht wachgehalten, als ich meine Farben ausgewählt habe (Gelb und Lila), etc., etc. Ich fühle mich nach wie vor besiegt, aber ich bin glücklicher, weil ich endlich weiß, warum ich gescheitert bin, als ich solche Träume hatte – SOLCHE TRÄUME!

EINLEITUNG

Je wichtiger Ihnen Ihr Traum ist, desto mehr Angst werden Sie haben, und diese Angst wird zusätzliche Blockaden erzeugen. Deshalb brauchen Sie dieses Buch.

Sie brauchen jemanden, der Sie jeden Tag begleitet. Sie brauchen jemanden, der Sie daran erinnert, dass es wunderbar, aber auch beängstigend ist, einen Traum zu verfolgen, der Ihnen wirklich etwas bedeutet. Und je wichtiger dieser Traum für Sie ist, desto gefährlicher fühlt es sich an.

Angst ruft innere Widerstände hervor. Ich hoffe, dass diese geringer werden, wenn ich Ihnen jeden Tag zur Seite stehe. Darin liegt das Geheimnis dieses Buches. Und es ist das Geheimnis, um innere Widerstände und Aufschieberitis zu überwinden.

Ich betone stets, dass die Isolation ein Traumkiller ist, und das meine ich sehr ernst. Wir werden auf diese Weise nicht in der Lage sein, selbst einen Traum zu verwirklichen – keinen, der uns wirklich etwas bedeutet. Sie wissen das. Sie haben es bereits seit Langem versucht.

Hier ist er also, Ihr Begleiter. Ich habe diesen Text für Sie geschrieben und dachte beim Schreiben an Sie. Ich hoffe, Sie spüren das, wenn Sie die täglichen Botschaften lesen.

Ich möchte, dass sich Ihre Träume erfüllen. Ich weiß, wie glücklich Sie das machen wird – und wie glücklich es auch mich machen wird!

Lassen Sie uns also loslegen. Krempeln Sie die Ärmel hoch und machen Sie sich bereit. Lesen Sie nun Ihre Tagesbotschaft und gehen Sie an die Arbeit. Ich werde an Ihrer Seite sein.

Warum sollten Sie einen **TRAUM** haben?

Sobald Sie einen Traum haben, erwacht Ihr Leben und alles hat eine Bedeutung. Kaum etwas verleiht uns so viel Energie wie eine klare Ausrichtung und die Verfolgung eines Ziels, das uns begeistert.

Sie sind für Ihre Träume verantwortlich

Anders als bei Hausaufgaben oder dem Begleichen von Rechnungen zwingt niemand Sie dazu, einen Traum zu verfolgen. Niemand wartet darauf, dass Sie Ihre Begabungen erkennen. Sie sind auf sich alleine gestellt. Ihr eigenes Potenzial zu verwirklichen, Ihre Talente zu entdecken – das gehört zu den wenigen wichtigen Dingen in unserer Kultur, die vollkommen dem Zufall überlassen bleiben.

Wenn Sie einen Lehrer, ein Elternteil oder einen Freund finden, der Sie wirklich dazu ermutigt, Ihre Begabungen zu entwickeln, sind Sie ein glücklicher Mensch, da es sehr ungewöhnlich ist.

Sie sind selbst dafür verantwortlich. Hören Sie auf Ihre Gefühle, wenn Sie etwas liebend gerne tun, und schenken Sie ihnen Ihre Aufmerksamkeit.

Echte Träume

Zu viele Menschen sind der Meinung, der Preis dafür, einen Traum zu verfolgen, sei zu hoch. Allerdings haben sie eine falsche Vorstellung von einem echten Traum.

Bei einem echten Traum müssen Sie weder Ihre Familie verlassen noch Ihren Job kündigen oder mit dem Malpinsel nach Tahiti ziehen. Sie sollten lediglich in Ihrer Seele nach dem tiefen Traum suchen, den Sie beiseitegeschoben haben – und ihn verfolgen. Beobachten Sie dann, wie ein Leuchten in Ihr Leben kommt.

Wenn SIE spüren, dass Sie besonders sind

Träume sind unglaublich wichtig. Sie lassen uns nicht los, weil es unsere Aufgabe ist, sie zu verwirklichen!

Sie sind weder neurotisch noch überheblich, wenn Sie spüren, dass Sie besonders sind. Etwas in Ihrem Inneren ruft Sie, und Sie sollten zuhören. Wenn Sie etwas liebend gerne tun, bedeutet dies, dass Sie begabt dafür sind. Und wenn Sie eine Begabung für etwas haben, sollten Sie es tun!

Sie wissen NICHT, was Sie wollen

Dies ist die Urmutter aller Annahmen, denn jede und jeder weiß, was er will. Tatsächlich wischen wir all die Dinge, die uns unmöglich erscheinen, vom Tisch, um dann erneut hinzuschauen und zu sagen: »Ich sehe hier keine Träume.«

Aber Sie wissen nicht, was möglich ist. Wenn Sie immer wieder versuchen, Ihren Traum alleine zu erkennen, werden Sie sich sehr schwer damit tun. Sie brauchen die Erfahrung anderer Menschen und sollten darauf achten, welche Informationen sie Ihnen liefern können.

Und nicht nur das. Es gibt stets eine unausgesprochene Reihe von Gründen, die unserer scheinbaren Unwissenheit zugrunde liegen. »Ich weiß nicht, was ich will« bedeutet in der Regel: »Ich weiß nicht, was ich will und womit meine Eltern einverstanden wären, das meine Freunde bewundern, wofür ich keine weitere Ausbildung oder zusätzliche Erfahrungen benötige, womit ich gleich an der Spitze einsteigen kann etc., etc.«

Wenn Sie all diese Anforderungen vergessen und nur darüber nachdenken, was Sie von Herzen gerne tun, ohne zu berücksichtigen, wie die Realität Ihrer Meinung nach aussieht, werden Sie viele Bereiche erkennen, die Sie glücklich machen würden. Genau an diesem Punkt sollten Sie beginnen. Wenn Sie zu schnell realistisch sind, werden Sie nicht weiterkommen.

Bedenken Sie stets Folgendes: Ihr Herz hat Geschmacksknospen – so wie Ihre Zunge – und es weiß zu jedem Zeitpunkt, was es will. Diese Dinge »realistisch« zu betrachten ist ein weiterer Schritt, den Sie nicht zu früh tun sollten. Wahrscheinlich verfügen Sie ohnehin nicht über die Informationen, die Sie dafür benötigen. Gestehen Sie sich zunächst ein, was Sie wollen. Bitten Sie als Nächstes viele Menschen darum, Ihnen dabei zu helfen herauszufinden, auf welche Weise Sie dieses Ziel erreichen können.

Es funktioniert.

Zu früh
REALISTISCH
werden

Wenn wir einen Traum verfolgen, stürzen wir uns gedanklich sofort darauf, wie praktikabel er ist, auf offensichtliche Gründe, warum er nicht funktionieren wird. Sie sollten nicht an diesem Punkt ansetzen. Mit diesen Problemen können Sie sich befassen, nachdem Sie über ein paar andere Dinge nachgedacht haben. So sollten Sie beispielsweise die Suche nach einem Job nicht mit den Fragen beginnen: »Welche Jobs stehen zur Verfügung?« oder »Wofür bin ich qualifiziert?«.

Jemand hat mir einmal eine E-Mail geschrieben, die mit dem folgenden Satz begann: »Ich bin ein Gefangener meiner Qualifikationen.« Die meisten von uns denken genauso: Wir sollten nach Jobs suchen, die unseren erwiesenen Fähigkeiten entsprechen.

Doch wir erkennen nicht immer, wie viele Möglichkeiten wir haben. Machen Sie sich auf die Suche nach allen möglichen Dingen, die Sie interessieren, selbst wenn sie Ihnen unmöglich erscheinen.

Ich kenne jemanden, der sich einen Job wünschte, bei dem er nie das Gleiche an zwei aufeinanderfolgenden Tagen machen musste. Eine Freundin wusste zufällig genau, was für diese Person das Richtige war: »Komm mit mir, in der Nähe deines Wohnorts dreht meine Firma gerade einen Film«, sagte sie. »Sie stellen Leute ein, die nach ausgefallenen Hüten, ungewöhnlichen Lippenstiftfarben oder alten Fotos suchen!«

»Das soll ein Job sein?«, fragte die erste Person.

»Aber sicher«, antwortete die Freundin. »Und es gibt sogar eine Bezeichnung dafür – es handelt sich um eine Produktionsassistenz. Eine Produktionsassistentin kümmert sich um absolut alles. Sie überführt zum Beispiel Autos innerhalb einer Stadt oder führt Interviews mit Polizisten. Sie kann sogar eine Statistenrolle übernehmen! Wenn du Abwechslung haben möchtest, solltest du an einem Filmset nachfragen, ob sie etwas für dich haben.«

ALTERNATIVEN
FINDEN

Wenn Sie wissen, dass Sie etwas liebend gerne machen, es aber aus irgendeinem Grund nicht tun können, bedeutet das dann, dass es keine Hoffnung für Sie gibt? Keineswegs.

Es hat einen Grund – beziehungsweise mehr als nur einen –, dass diese Aktivität Sie in der Vergangenheit begeistert hat. Sie hat Ihnen ein besonderes Gefühl vermittelt. Wahrscheinlich haben Sie nie versucht, dieses Gefühl zu identifizieren – die meisten von uns tun das nicht. Schließlich macht es uns glücklich, und das gefällt uns.

Aber wenn Sie die Aktivität nicht mehr ausüben können, sollten Sie herausfinden, welches Gefühl dazu geführt hat, dass sie Ihnen so viel Spaß gemacht hat. Das ist überaus wichtig. Falls Sie zum Beispiel gerne Rollschuh gefahren sind, sollten Sie ermitteln, was für Sie daran am Schönsten war. War es die Geschwindigkeit? Der Wind auf Ihrem Gesicht? Oder Ihre energievollen Arm- und Beinbewegungen?

Wenn etwas davon zutrifft, können Sie nach anderen Dingen suchen, um es nun zu ersetzen – Dinge, die Ihnen ein ähnlich großartiges Gefühl vermitteln. Vielleicht können Sie Fahrrad fahren und ein ähnliches Geschwindigkeitsgefühl bekommen und freudig den Wind auf Ihrem Gesicht spüren. Wenn das nicht möglich ist, könnten Sie sogar erkunden, an welchem gut erreichbaren Sitzplatz die beste Brise weht. Falls Sie Ihren Körper liebend gerne so bewegen wie damals beim Rollschuhfahren, versuchen Sie es mit Schwimmen oder Tanzen. Achten Sie darauf, ob Sie dasselbe (oder ein ähnliches) Gefühl wiederentdecken können.

Glück besteht aus Emotionen und setzt sich aus kleinen Einheiten zusammen, die Sie entdecken und in Ihr Leben integrieren können. Es lohnt sich zu erkunden, worum es sich dabei handelt.

Es gibt stets einen guten GRUND, warum ein Traum Sie anzieht

»Jeder weiß, dass man für die meisten Dinge einen Universitätsabschluss braucht.« Oder: »Jeder weiß, dass man so etwas ohne viel Geld nicht schafft.« Je offensichtlicher solche Aussagen scheinen, desto sicherer kann man sein, dass sie nicht immer stimmen. Es ist Ihre Aufgabe herauszufinden, wann sie zutreffen und wann nicht. Wenn Sie solche »Tatsachen« sorgfältiger hinterfragen, werden Sie feststellen, dass sie häufig keineswegs wahr sind.

Und wenn jemand behauptet (oder Ihr eigener Verstand Ihnen einredet), niemand werde jemanden in Ihrem Alter einstellen, sollten Sie loslegen und etwas recherchieren. Vielleicht bestätigen einige diese Annahme, aber die nächsten werden sie komplett widerlegen. Je mehr Menschen Sie befragen, desto besser sind Ihre Chancen, dass eine völlig neue, gänzlich unerwartete Information zutage tritt.

Denken Sie lediglich daran, allem nachzugehen, was Sie anzieht oder anspricht. Es gibt stets einen guten Grund, um auf Entdeckungsreise zu gehen. Sie werden auf aktuelle Informationen stoßen, die Sie – im Gegensatz zur gängigen Meinung – nicht in die Irre führen.

Die Isolation ist ein TRAUMKILLER

Die meisten Träumer erleben eine gewisse Isolation – zumindest wenn es um ihre Träume geht. Aber Träume sind wichtig, und Sie brauchen jemanden in Ihrem Leben, der sie grundlegend ernst nimmt.

Haben Sie so jemanden? Es ist sehr wichtig, einen Freund zu finden. Halten Sie in Gesellschaft anderer Leute stets Ausschau nach einem solchen Menschen. Seien Sie höflich, stellen Sie Fragen, versuchen Sie andere kennenzulernen.

Vielleicht gehören Sie zu den Leuten, die sagen: »Ich fühle mich in Gesellschaft anderer Menschen nicht wohl« oder »Ich bin introvertiert«. Oder Sie sagen viele andere Dinge, die Ihnen erlauben, isoliert zu bleiben. Es ist nicht schwer, den Grund dafür zu erkennen. Anderen Menschen zu begegnen ist für die meisten von uns nicht leicht. Aber Sie sollten lernen, wie das geht, und herausfinden, wo Sie nach solchen Menschen suchen sollten.

Denn sobald die Isolation vorbei ist und Menschen auf Ihrer Seite sind, verändert sich Ihre gesamte Welt.

Andere um etwas BITTEN

Das klingt leicht, fällt den meisten Menschen allerdings sehr schwer. Doch wenn Sie Ihre Fähigkeit fördern, andere ohne Umstände um Hilfe zu bitten, wird das Ihr Leben verändern. Es gibt einige wunderbare Möglichkeiten, das zu tun. Es erfordert etwas Übung, aber es lohnt sich.

So können Sie sich etwa bewusst machen, dass viele Menschen es wirklich gerne haben, wenn man sie um Hilfe bittet, da es ihnen ein Gefühl von Vertrauen und Wertschätzung vermittelt und sie andere Menschen von Herzen gerne unterstützen. Eine Seminarteilnehmerin hat mir Folgendes erzählt: »Als meine Freundin zum ersten Mal am Ende ihrer Kräfte war und mich um Hilfe bat, da sie ihr Haus für ein wichtiges Meeting vorbereiten musste und deshalb schon mehrere Nachtschichten eingelegt hatte, gab mir das ein sehr gutes Gefühl. Ich mag sie sehr gerne, da sie stets überaus hilfsbereit ist. Allerdings hatte ich fast nie die Gelegenheit, sie meinerseits zu unterstützen, daher bedeutete es mir viel, nun auch einmal etwas für sie tun zu können. (Natürlich dauerte es eine Weile, um sie von meiner Sichtweise zu überzeugen.)«

Wenn es darum geht, andere um Hilfe zu bitten, ist eine meiner Lieblingstechniken die »Wunsch-Hindernis-Aussage«, die ich seit Jahren auf meinen Ideenpartys einsetze. Sie lässt eine gewisse Magie entstehen und funktioniert genauso gut oder sogar noch besser bei Menschen, die man kaum kennt.

Es ist eine einfache, wirksame Technik, die aber etwas Übung erfordert. Formulieren Sie Ihre Aussage folgendermaßen: Sagen Sie zunächst, was Sie sich wünschen, und erklären Sie im Anschluss daran sofort, warum es nicht möglich ist. Das ist alles.

Angenommen Sie sagen: »Ich wünschte, ich könnte jetzt einen Spaziergang machen, aber das geht nicht, weil ich nun mal nicht alleine unterwegs sein möchte.« Dann wird Ihr Gesprächspartner automatisch versuchen, Ihr Problem zu lösen, indem er entweder sich selbst als Begleitung anbietet oder Ihnen Vorschläge macht, wie Sie jemand anderen dazu bewegen können. Ich veranschauliche das gerne mit einem ziemlich albernen Beispiel: »Ich wünschte, ich könnte Dalmatiner im Himalaja züchten, aber das geht nicht, weil ich nicht Tibetisch spreche.« Wenn das ein echter Wunsch wäre – das ist natürlich nicht der Fall –, wäre dies tatsächlich ein seltsamer Hinderungsgrund. Aber da es darum geht, Antworten zu bekommen, ist das völlig egal. Sie sollten lediglich deutlich zum Ausdruck bringen, was Sie möchten und warum Sie es Ihrer Meinung nach nicht haben oder umsetzen können. In den Köpfen Ihrer Gesprächspartner wird daraufhin sofort der innere Problemlöser aktiv. Daher werden Sie bald Ratschläge bekommen, wo Sie Tibetisch lernen können!

Einen Vorschlag ABLEHNEN

Angenommen, jemand macht Ihnen einen Vorschlag, wie sich ein Hindernis überwinden lässt, das Ihrem Wunsch im Wege steht. Sie finden ihn jedoch nicht hilfreich – wie gehen Sie damit um? Es gibt eine viel bessere Methode als dem anderen schlicht zu sagen, wie es ist.

Wenn Sie lediglich antworten: »Das wird nicht funktionieren«, demotivieren Sie Ihre Gesprächspartner, andere Ideen zu äußern, obwohl eine davon Ihr Problem vielleicht wunderbar lösen würde. Wenn jemand versucht, Ihnen zu helfen, sollten Sie ihn dazu ermuntern, weitere Ideen zu entwickeln, und darüber hinaus zum Ausdruck bringen, wie sehr Sie seine Unterstützung schätzen.

Das Nächste erfordert einen gewissen Denkprozess, aber in der Regel ist er wertvoll und hilft Ihnen dabei, neue Möglichkeiten zu erkennen, wie sich Hindernisse überwinden lassen: Sie sollten bei dem Vorschlag nach einem Aspekt suchen, der tatsächlich gut ist.

Jede Idee enthält *irgendeinen* nützlichen Aspekt. Versuchen Sie, diesen zu erkennen, und formulieren Sie Ihre Antwort auf den Vorschlag folgendermaßen:

»Mir gefällt die Vorstellung, den folgenden Teil deines Lösungsvorschlags umzusetzen.« Daraufhin erklären Sie dem anderen, worum es sich handelt. Dann fahren Sie fort: »Wie bekommen wir das folgende Problem in den Griff …?« und erläutern, warum der Vorschlag Ihrer Meinung nach nicht funktioniert.

Es hat viele Vorteile, Ihre Antwort auf diese Weise zu formulieren. So kann der andere Ihren Hinderungsgrund viel besser verstehen. Darüber hinaus vermitteln Sie ihm, was Ihnen an seinem Gedanken gefällt. Und das hilft ihm dabei, einen besseren Vorschlag zu entwickeln.

Probieren Sie diese Technik aus. Sie ist etwas knifflig, aber wenn Sie den Bogen einmal raus haben, werden Sie feststellen, wie magisch sie funktioniert!

Herausfinden, was Sie begeistert: Glücksniveaus

Bewerten Sie verschiedene Dinge mithilfe einer Glücksskala von 1 bis 10. Dabei steht der Wert 10 für das größte Glücksniveau (GN). Ordnen Sie allem, was Ihnen Spaß macht, eine GN-Zahl zu.

Sie können das mit beliebigen Dingen üben: So bekommt Geschirrspülen vielleicht die Bewertung GN2. Einem Waldspaziergang ordnen Sie möglicherweise GN9 zu.

Wenn Sie es sich zur Gewohnheit machen, auf Ihre Glücksniveaus zu achten, werden Sie mühelos erkennen, was Sie am liebsten tun. Und das sind sehr wichtige Hinweise.

Sollten Sie nun alles, was Ihnen Spaß macht, in ein persönliches Ziel verwandeln? Natürlich nicht. Das Leben an sich ist wertvoll. Das Glücksniveau Ihres gesamten Lebens hängt davon ab, was Sie Tag für Tag mit Ihrer Zeit anfangen. Allein sich das bewusst zu machen ist schon sehr viel wert.

Sie haben gute Gründe, sich nach einem TRAUM zu sehnen – vertrauen Sie darauf

Analysieren Sie Ihre Träume nicht. Sie müssen nicht wissen, woher sie stammen. Sie sollten lediglich zur Kenntnis nehmen, dass sie bei Ihnen anklopfen und um Ihre Aufmerksamkeit bitten. Machen Sie sich zudem Folgendes bewusst: Falls es Ihnen ein positives Gefühl vermittelt, wenn Sie an die Erfüllung eines Traums denken, bedeutet es, dass er wichtig für Sie ist.

Wenn Sie zu viele Fragen stellen, wie etwa »Woher kommt dieser Traum nur? Warum wünsche ich mir das eigentlich?«, glauben Sie allmählich vielleicht, dass Sie kein Recht haben, ihn zu träumen.

Ich empfehle Ihnen nicht, große Risiken einzugehen oder irgendetwas Wichtiges aufs Spiel zu setzen. Es ist stets ratsam, die Elemente Ihres Traums zu erforschen und zu überprüfen, ob sie sich stimmig anfühlen. Aber es ist auch weise, auf Nummer sicher zu gehen. Möglicherweise stellen Sie fest, dass Ihnen nur ein Teil des Traums etwas bedeutet und Sie Ihren nächsten Traum auf diesem Teil aufbauen möchten.

Warum wehren wir uns gegen **DINGE**, die uns begeistern?

Der innere Widerstand ist dazu da, uns vor etwas zu beschützen – wie ein großer dummer Bodyguard. Er spürt unsere Angst beziehungsweise unsere Aufregung und denkt, wir seien drauf und dran, etwas Gefährliches zu tun. Daher bewacht er uns. Unser Instinkt, Gefahren zu vermeiden, ist tief in uns verwurzelt und sehr mächtig.

Ich stimme nicht mit der gängigen Meinung überein, dass wir uns innerlich gegen etwas wehren, weil wir renitent sind und uns selbst verletzen wollen. Ich glaube nicht, dass wir uns wehtun möchten. Aber warum hindern wir uns dann selbst daran, etwas zu tun, das uns glücklich macht und begeistert?

Folgendes habe ich diesbezüglich immer wieder festgestellt: Wenn uns etwas Angst macht, tritt der innere Widerstand auf den Plan, um uns vor drohender Gefahr zu retten. Anstatt uns selbst Vorwürfe zu machen, sollten wir versuchen herauszufinden, worin die Gefahr besteht. Das kann eine Offenbarung sein.

Sie haben stets eine **BEGABUNG** für das, was Sie begeistert

Vielen Menschen ist das nicht bewusst, aber es trifft stets zu. Wenn Sie etwas liebend gerne tun, dann deshalb, weil Sie eine besondere Neigung dafür haben. Wenn Sie keine Künstlerin sind, sind Sie kein visueller Mensch, und es macht Ihnen keinen besonderen Spaß, etwas zu gestalten. Sind Sie dagegen eine Künstlerin, lieben Sie es.

Sie müssen trotzdem viel Zeit darauf verwenden, um eine gute Künstlerin zu werden, aber wenn Sie die Arbeit lieben, widmen Sie sich ihr sehr gerne. Wenn Sie sich zu einer Tätigkeit hingezogen fühlen, sind Sie dafür geschaffen und werden sie letztlich auch gut beherrschen.

Integrieren Sie Ihren
TRAUM
in Ihr Arbeitsleben

»Ich habe meinen Job behalten, obwohl er mich nicht gerade inspiriert hat«, schrieb mir eine Leserin vor einer Weile. »Und dann beschloss ich zu tun, was mir am meisten Spaß macht, und zwar in meiner Freizeit.

Nun kaufe ich seltsame, ulkige Dinge und bemale sie so lange, bis sie witzig und schön sind. Dann verkaufe ich die Objekte an eine Boutique oder ein Kaufhaus. Leute, die mir bei der Arbeit zusehen, sagen mir, dass ich dabei die ganze Zeit ein Lächeln im Gesicht habe.«

Sind Liebe, Erfolg, Geld oder Ruhm die Schlüssel zum Glück?

Das gilt allerdings keineswegs für jeden Menschen. Manche Leute sind zutiefst glücklich, wenn sie im Wald spazieren gehen, und manche fahren für ihr Leben gern Auto – oder schrauben daran herum.

Achten Sie darauf, was Ihnen Spaß macht, und beobachten

Sie, wohin Ihre Erkenntnisse Sie führen. Sie könnten dabei ein wahres Talent entdecken. Wenn Sie Ihren persönlichen Interessen weit genug nachgehen, werden Sie tatsächlich auf eine Begabung stoßen!

Ist es zu SPÄT?

Nach einer Signierstunde in einer Buchhandlung in Sheridan, Wyoming, sprach eine Frau mich an: »Ich wünschte, ich wäre Ihnen schon vor langer Zeit begegnet. Mein Mann starb, als ich 43 war. Seine Ranch, die er von seinen Vorfahren übernommen hat, ist ein besonderer historischer Ort. Ich wollte eigentlich immer ein Museum daraus machen, damit jeder sehen kann, wie es früher war. Nun ist es dafür zu spät.«

»Warum?«, fragte ich sie.

»Nun ja, jetzt bin ich zu alt.«

Sie machte einen fitten und gesunden Eindruck auf mich. »Wie alt sind Sie denn?«, hakte ich nach.

»60«, antwortete sie.

»Sind Sie krank?«

»Nein«, erwiderte sie offenbar verblüfft.

»Tja, in 20 Jahren werden Sie sich wie eine Närrin fühlen, wenn Ihnen bewusst wird, wie jung Sie zum heutigen Zeitpunkt waren. Sie sind nicht alt genug, um im Schaukelstuhl zu sitzen. Sie haben genau das richtige Alter, um Ihr Projekt umzusetzen. Wenn das Alter Ihr einziger Hinderungsgrund ist, dann existiert für Sie kein Hindernis.« Sie wirkte überrascht und antwortete nichts. Dann sprachen andere Menschen mich an, und ich vergaß sie mehr oder weniger. Doch als die Veranstaltung vorbei war und ich dachte, alle wären gegangen, war sie noch da.

Sie kam auf mich zu und sagte: »Wissen Sie was, ich bin eine echte Idiotin. Sie haben recht. Ich werde mein Projekt jetzt umsetzen. Ab morgen beginne ich herumzutelefonieren.« Dann gab sie mir die Hand und verschwand.

Bei Signierstunden erfährt man die Namen der Besucher in der Regel nicht, und ich habe nie erfahren, wie es dieser Frau ergangen ist. Aber ich erinnere mich an ihren kräftigen Händedruck, und mein Gefühl sagt mir, dass sie aus der Ranch ein Museum gemacht hat, so wie sie es sich gewünscht hatte. Wenn das Alter sich unseren Träumen in den Weg stellt, ist es an der Zeit, dies zu hinterfragen. Es ist eine der unangefochtenen Annahmen, die uns ausbremsen, bevor wir überhaupt mit etwas begonnen haben.

Wofür genau sind Sie Ihrer Meinung nach zu alt? Um als Quarterback in der National Football League zu spielen? Um als Primaballerina an der Met zu tanzen? Wahrscheinlich stimmt das tatsächlich. Aber zu alt, um eine großartige Zeit zu haben und einen tollen Job in dem Bereich zu machen, der Sie begeistert? Nie im Leben.

SIE SIND NICHT QUALIFIZIERT?

Man benötigt nicht für alles eine Qualifikation. Ich habe zum Beispiel von einem Paar gehört, das Fruchtbarkeitsprobleme hatte. Ein paar Jahre lang probierte das Paar alles Mögliche aus und kannte sich schließlich auf diesem Gebiet besser aus als irgendjemand aus seinem Bekanntenkreis. Die Frau leitete nach einer Weile kleine Gruppen, in denen sie ihre Erfahrungen und Kenntnisse an andere Leute mit diesem Problem weitergab.

Schließlich überredete ihr Mann sie dazu, Vorträge vor kleinem Publikum zu halten, woraus sich mehr und mehr eine kleine Erwerbstätigkeit entwickelte. Ihr Mann nahm ihre Vorträge auf und veröffentlichte ein Buch im Selbstverlag, das sich bei den Auftritten seiner Frau sehr gut verkaufte. Und umgekehrt stiegen ihre Honorare als Rednerin, weil ihr Buch auf dem Markt war.

Ich kenne viele Menschen, die ohne zertifizierte Qualifikation in Jobs arbeiten, weil sie sich auf ihrem Gebiet aufgrund persönlicher Erfahrungen gut auskennen. Tatsächlich gibt es viele Berufe, für die man keine Qualifikation erwerben kann und bei denen allein die Erfahrung zählt.

Ein qualifizierender Abschluss welcher Art auch immer ist daher kein Garant für einen Job. Und umgekehrt wird eine mangelnde Qualifikation Sie nicht automatisch davon abhalten, einen Job zu bekommen.

Einfach
LOSLEGEN

Ein Klient hat mir etwas Wichtiges geschrieben, das wir uns alle bewusst machen sollten:

»Danke für die Anregungen bezüglich der ersten Schritte bei meinem Projekt. Es ist ein solch großes, überwältigendes Projekt, dass ich tatsächlich keinen Weg gesehen habe, wie ich es angehen sollte. Mittlerweile habe ich erkannt, wie essenziell bereits die kleinsten Schritte sind.

Alles verändert sich in dem Moment, in dem ich mich bewege, selbst wenn es nur ein kleiner Schritt ist. Das ist eine Offenbarung für mich. Vielleicht mache ich nur ein paar dieser kleinen Schritte, und möglicherweise verdeutlichen sie mir, dass ich das große Projekt eigentlich gar nicht angehen will. Aber selbst das ist eine wichtige Erkenntnis für mich! Wenn ich dagegen gar nichts tue, werde ich dies nie erfahren und nie darüber nachdenken, dass ich lieber ein anderes, besseres Projekt in Angriff nehmen sollte.«

Zunächst perfekt werden

Allzu häufig sind wir der Meinung, wir müssten perfekt sein – das heißt, wir müssten gut aussehen, eloquent und überaus selbstbewusst sein sowie über ein enormes Wissen verfügen –, bevor wir versuchen sollten, unsere Träume zu verwirklichen.

Allerdings ist es unmöglich, perfekt zu sein. Dieser Anspruch dient häufig lediglich als Ausrede dafür, warum wir nicht in die Pötte kommen. Einerseits gibt es zwar durchaus gute Gründe zu zögern, bevor wir irgendein Risiko eingehen, andererseits haben wir jedoch viele Möglichkeiten, uns vorzubereiten, damit wir optimal geschützt sind.

Erwarten Sie nie, vor Kritik gefeit zu sein. Jeder, der Sie kritisieren will, wird es tun, ohne sich im Mindesten dafür zu entschuldigen. Gehen Sie auf Distanz zu Kritikern, es sei denn, diese können Ihnen Informationen liefern, die Ihnen nicht zur Verfügung stehen.

Machen Sie sich bewusst, dass Perfektionismus in der Regel nur ein Mittel ist, um zu vermeiden, Farbe zu bekennen und sich damit quasi aus allem herauszuhalten. Nutzen Sie – soweit Sie es sich leisten können – all Ihre Zeit und Ressourcen sowie Ihre Beziehungen und werden Sie aktiv.

Der Unterschied zwischen SEHNSÜCHTEN und Zielen

Sehnsüchte lassen sich nicht erzeugen. Sie sind bereits in uns vorhanden. Es gibt eine Reihe von Möglichkeiten, danach zu forschen, da Sehnsüchte mit Begabungen verknüpft sind und so gut wie sicher einen biologischen Ursprung haben. Die Begeisterung für bestimmte Dinge ist uns angeboren, und wir sind dafür geschaffen, manches besser zu können als andere. Das trifft auf jeden Einzelnen von uns zu.

Allerdings ist es sehr wertvoll, eine Sehnsucht in ein Ziel zu verwandeln, da wir ein Ziel konkret verwirklichen können. Wenn Ihr Ziel zum Beispiel darin besteht, Ihre eigenen Kunstwerke auszustellen, wissen Sie, was Sie zu tun haben. Vielleicht möchten Sie zehn neue Bilder malen oder Kontakt mit einer Galerie aufnehmen.

Das Ziel im AUGE behalten

»Wenn man ein Ziel erreichen will, muss man es sich zuvor bewusst machen«, sagte eine Seminarteilnehmerin einmal zu mir.

»Wie meinen Sie das?«, hakte ich nach.

»Man kann sein Ziel vollkommen aus den Augen verlieren, wenn man sich bei der Umsetzung zu sehr in die Details verstrickt. Einmal fuhr ich mit dem Auto zu einem Bewerbungsgespräch nach Chicago. Ich machte mir überhaupt nicht bewusst, wie wichtig der Termin für mich war. Mir war lediglich klar, dass die Fahrt drei Stunden dauerte und ich mich auf die Route konzentrieren musste. Das eigentliche Ziel trat völlig in den Hintergrund! Ich kam – ohne triftigen Anlass – 15 Minuten zu spät. Natürlich erhielt ich die Stelle nicht.«

Ich verstand, was die Frau meinte. Wir können uns einer Sache widmen, aber wenn uns das Ziel nicht klar ist, laufen wir Gefahr, uns in dem Prozess zu verlieren. Nehmen wir an, Sie stellen kunsthandwerkliche Dinge her. In diesem Fall sollten Sie an Ihren Stand auf dem Kunsthandwerkermarkt im kommenden Herbst denken, sonst verhaken Sie sich bei der Arbeit womöglich in all den kleinen Details. Wenn Sie sich jedoch daran erinnern, wie gern Sie Ihre Werke ausstellen (und hoffentlich auch verkaufen) möchten, werden Sie es gut hinbekommen.

Sich für ein Ziel entscheiden – den TRAUM erkennen

Falls es Ihnen schwerfällt herauszufinden, was Sie möchten, sollten Sie sich für ein Ziel entscheiden, das Ihnen Spaß macht, und es beherzt verfolgen. Vielleicht hoffen Sie, dass Ihr Traum noch größer ist, aber es gibt einen Grund dafür, warum Sie ihn nicht ohne Weiteres erkennen: Schließlich suchen Sie nach etwas Wichtigem, nach etwas, das Ihr Leben positiv erfüllt.

Wenn Sie also feststecken, sollten Sie sich einer erfreulichen Sache widmen – sozusagen als Mittel, um aktiv zu werden und zu lernen, wie Sie etwas in Angriff nehmen können. Es ist demoralisierend, wenn man festhängt. Außerdem lernt man nichts dabei. Wenn Sie dagegen ein kleineres, aber angenehmes Ziel verfolgen, bleiben Sie aktiv. Sie lernen neue Menschen kennen und erfahren neue Dinge. Und all das erweitert Ihren Horizont.

Überdies helfen Ihre so gewonnenen Erkenntnisse Ihnen in den meisten Fällen dabei, letztlich Ihren wahren Traum ausfindig zu machen.

Prüfen Sie, ob Ihr Traum SIE begeistert

Wenn Sie damit beginnen, einen Traum umzusetzen, sollten Sie prüfen, ob es sich tatsächlich um Ihren Traum handelt. Vergewissern Sie sich, dass das Ergebnis Sie zutiefst befriedigt. Manchmal erwarten wir etwas zu Großartiges, weil wir in Wirklichkeit nicht an unser eigenes Glück denken, sondern der Welt beweisen wollen, dass wir in der Lage sind, etwas Bestimmtes zu erreichen. Nach dem Motto: »Ich werde ein Filmstar sein und einen Oscar gewinnen!« oder »Ich werde eine Million verdienen«.

Prüfen Sie, ob Sie Ihren Traum ausgewählt haben, weil er Sie glücklich und zufrieden macht, oder weil Sie die Welt damit beeindrucken wollen.

Unser persönliches Glück muss nicht hochtrabend daherkommen. Trotzdem ist es häufig großartig.

Träume sind einzigartig

Was Sie begeistert, ist so einzigartig wie Ihre Fingerabdrücke. Das sollten Sie sich bewusst machen. Denn *nur das, was Sie von Herzen gerne tun, wird Sie wirklich glücklich machen.*

Den Kern Ihres TRAUMS erkennen

Wenn Sie einen Traum verwirklichen möchten, gibt es nichts Wichtigeres, als sich Ihr Hauptanliegen klarzumachen. Welcher Teil ist der wichtigste und muss erfüllt sein, damit der Traum sich lohnt? Wenn jemand mir erzählt, was er sich wünscht, frage ich deshalb stets nach: »Welcher Teil gefällt Ihnen daran am besten?« oder »Was ist für Sie die Krönung dabei?«.

Ich stelle diese Frage aus dem folgenden wichtigen Grund:

Egal wie groß oder unrealistisch Ihnen Ihr Traum auch erscheinen mag, wenn Sie erkennen, welche Elemente oder Aspekte daran Sie am meisten begeistern, können Sie diese *immer* auf die eine oder andere Weise bekommen beziehungsweise erleben!

Vielleicht werden sie Ihnen auf eine andere Weise zuteil, als Sie es erwarten, aber wenn diese Aspekte wirklich wunderbar für Sie sind, wird der Traum Sie zutiefst erfüllen.

Denken Sie am Anfang der Reise zu Ihrem Traum nicht ans Geld

Mir geht es hier um all die Gedanken, die Sie sich – gleich zu Beginn – darüber machen, wie Sie Ihren Lebensunterhalt verdienen können. Der schnellste Weg, um die Erkundung Ihrer Begabungen und Talente zu verhindern, besteht darin, zu schnell pragmatisch zu werden. Die meisten Menschen, die sich von mir beraten lassen, würden jede wunderbare Entdeckung ihrer Talente innerhalb weniger Sekunden mit den Worten begraben: »Aber damit kann man kein Geld verdienen.«

Darauf antworte ich ihnen:

»Sie können Ihren Lebensunterhalt mit allem verdienen. Ob Sie das möchten oder nicht, ist eine andere Frage. Allerdings ist es noch nicht an der Zeit, um über finanzielle Aspekte nachzudenken. Im Moment ist Ihre gesamte Aufmerksamkeit erforderlich, damit Sie herausfinden, was Sie begeistert.

Tun Sie zunächst so, als wären Sie reich und müssten überhaupt kein Geld verdienen. Wenn Ihr Traum sich herauskristallisiert, werden Sie erkennen, wie viele Möglichkeiten es gibt, ihn zu verwirklichen – und zwar sowohl, weil er Sie begeistert, als auch, um Geld damit zu verdienen.

Prüfen Sie, ob Sie sich **ABSICHTLICH** etwas vorenthalten

Manchmal führt ein Gefühl der Ungerechtigkeit zur Selbstsabotage. Manche Menschen glauben, jemand werde unverdientermaßen von ihrem Erfolg profitieren, und daher lehnen diese Leute den Erfolg ab.

Die Situation ist allerdings nicht immer so klar oder so dramatisch. Vielleicht gehören Sie zu den Menschen, die zwar in der Lage sind, vieles umzusetzen, jedoch ständig weniger schaffen, als sie könnten, ohne zu wissen, woran das eigentlich liegt. Falls es keine andere plausible Erklärung dafür gibt, sollten Sie prüfen, ob Sie vielleicht auf irgendeine Weise versuchen, jemanden zu bestrafen, der Sie ungerecht behandelt hat. Sollte das der Fall sein, ist es an der Zeit, einen Schritt zurückzutreten, damit Sie die Situation besser betrachten können. Diese Perspektive ermöglicht Ihnen vielleicht, Ihr Leben wieder in die Hand zu nehmen. Genauso erging es einem meiner Klienten:

»Als ich eine besondere Auszeichnung von meinem College bekommen sollte, gab meine Familie nicht nur wie bisher mit mir an, sondern wollte sich den Erfolg zudem auf ihre eigene Fahne schreiben. Sie hatte mir nie dabei geholfen, aufs College zu gehen, sondern mich vielmehr damit aufgezogen, dass ich studierte und nebenher auch noch arbeitete. Das machte mich so wütend, dass ich den Preis beinahe nicht angenommen hätte. Ich hatte mich bereits in der Vergangenheit auf eine ähnliche Weise verhalten. Aber dieses Mal erkannte ich, warum ich so reagierte, und nahm die Auszeichnung letztlich doch entgegen.

Ich beanspruchte sie für mich selbst und machte mir bewusst, wie kindisch die anderen sich verhielten. Bei der Verleihung war ich nett zu meiner Familie, verbrachte die meiste Zeit jedoch mit meinen Freunden, weil ich wusste, dass sie sich ehrlich mit mir freuen. Ich erkannte, dass meine Familie ihre eigenen Probleme hatte, die allerdings nichts mit mir zu tun hatten. Es war eine der wichtigsten Erkenntnisse in meinem Leben.«

Was macht einen Gewinner aus?

Das Folgende habe ich dazu in meinem ersten Buch ›Wishcraft‹ geschrieben, und meine Meinung hat sich auch nach 40 Jahren nicht verändert:

»Ein Gewinner zu sein bedeutet, ein Leben zu haben, das Sie lieben, sodass Sie jeden Morgen aufwachen und dem bevorstehenden Tag begeistert entgegensehen und sich darauf freuen, was Sie tun werden.«

Allerdings habe ich diese Aussage erweitert, sodass sie auch Tage umfasst, an denen Sie innerlich zufrieden aufwachen und sich auf den bevorstehenden Tag freuen.

In beiden Fällen streben Sie als Gewinner nicht nur nach den Auszeichnungen der Welt, sondern nach tiefer Erfüllung in Ihrer Arbeit und Ihrem Leben.

Es bedeutet nicht, reich und berühmt zu sein oder die Dinge zu tun, die Ihre Familie und Freunde für wichtig halten, sondern sich dem zu widmen, was *Ihnen* wichtig ist. Anders ausgedrückt: Sie tun das, was *Ihrem Gefühl* eines guten Lebens entspricht, dem Leben eines Gewinners – Ihre Gefühle sind Ihre Freunde.

Wenn Sie diesen Punkt noch nicht erreicht haben, sollten Sie dranbleiben. Sie können dem Ziel, ein Gewinner zu sein, an jedem Tag Ihres Lebens näher kommen.

Probieren Sie alles aus, was ungefährlich, günstig und neu ist, wenn Sie neugierig darauf sind

Allzu häufig vermeiden wir Erfahrungen, weil wir nicht erkennen, auf welche Weise wir davon profitieren können. Aber man weiß nie, wann man auf etwas Wichtiges stößt, wonach man von sich aus nie gesucht hätte. Falls Sie daher auf etwas aufmerksam werden oder man Sie zu irgendeiner

Veranstaltung einlädt – und es sich nicht um einen gefährlichen Event handelt –, sollten Sie sich darauf einlassen.

Wie sollen Sie dies aber jemandem erklären? Sagen Sie einfach lächelnd: »Ich erforsche gerne Neues. So bleibt das Leben interessant.«

Vielleicht stimmt es noch nicht, wenn Sie dies zum ersten Mal aussprechen, aber ich wette, nach Ihrer ersten neuen Erfahrung wird es zutreffen.

Sie können Ihre MEINUNG ändern

Wenn Sie als Kind ein Filmstar oder Feuerwehrmann werden wollten, haben Sie diesen Traum wahrscheinlich ad acta gelegt, ohne dies weiter zu hinterfragen. Doch manchmal verstehen wir unsere frühen Träume nicht genau und können nicht damit abschließen, selbst wenn das richtig wäre.

Helen beispielsweise träumte stets von einem Leben als Enthüllungsjournalistin. Sie sparte etwas Geld und kündigte schließlich ihren Job als Sekretärin, um bei einer kleinen Zeitung zu arbeiten. Zu ihrer Überraschung machte das Schreiben ihr überhaupt keinen Spaß. Sie war entsetzt. All die Jahre hatte sie davon geträumt, und nun gefiel es ihr nicht! Angesichts ihrer Fehleinschätzung kam Helen sich dumm vor.

War das ein Desaster? Nein, keineswegs. Wenn wir einen alten Traum von unserer Liste streichen, macht dies den Weg für einen neuen frei. Nun war Helen in der Lage, nach einem Traum zu suchen, der ihr wirklich etwas bedeutete. Bevor Sie einen Traum verwerfen, sollten Sie prüfen, ob irgendein Teil davon noch wichtig für Sie ist. Warum hatte Helen ursprünglich angenommen, das Schreiben würde ihr Spaß machen?

»Auf der Highschool habe ich Berichte für die Schülerzeitung verfasst«, erzählte sie mir. »Ich schrieb über Dinge, die nicht gut liefen und verändert werden mussten. Dafür bekam ich sehr viel Anerkennung. Ich dachte, ich könnte diesen Weg weiterverfolgen, indem ich für eine Zeitung schrieb. Doch es machte mir überhaupt keinen Spaß, weil ich nicht einfach sagen konnte, was ich wollte. Also belegte ich Kurse darüber, wie man einen Roman schreibt, und danach, wie man Sachbücher verfasst. Aber das war auch nichts für mich. Dann habe ich mich an Sie gewandt.«

Wir stellten fest, dass ihre tiefe Befriedigung nicht vom Schreiben herrührte, sondern weil sie mutig ihre Meinung geäußert hatte, weil man ihr zugehört und sie anerkannt hatte, und weil sie etwas Gutes für die Welt getan hatte.

Es war eine Offenbarung für sie. Anstatt die Tür zum Schreiben zuzuschlagen, gibt Helen nun an drei Abenden pro Woche Schreibkurse für Erwachsene. Sie bringt den Teilnehmern bei, ihre Überzeugungen zum Ausdruck zu bringen und das Schreiben als Instrument zu nutzen, um ihr Leben zu verbessern. Helen genießt nun jede einzelne Minute: »Ich merke, welchen Einfluss ich habe und wie anerkennend und wertschätzend mich alle ansehen. Diese Arbeit ist perfekt für mich.«

Prüfen Sie daher bei all den Dingen, die Sie einmal begeistert haben, was genau Sie daran so toll fanden. Behalten Sie für die Zukunft die Aspekte im Bewusstsein, die Sie nach wie vor ansprechen, und streichen Sie die überholten Träume von der Liste. Nun können Sie sich befreit auf die wichtige Suche danach machen, was Ihnen wirklich gefällt.

An einem wunderbaren ORT leben

Eine Klientin erzählte mir einmal, es sei stets ihr Traum gewesen, in einem Paradies zu leben, und für sie sei das Cape Cod. Dieser Traum schien ziemlich unerreichbar zu sein. Sie hatte nicht einmal genug Geld, um dort für eine Woche ein Cottage zu mieten. Doch nun lebt sie trotzdem dort.

Wie hat sie das geschafft? Sie begann damit, einen Haus-Sitting-Service für die Wintermonate anzubieten, in denen die meisten Cottages unbewohnt sind. »Ich wohne in Villen!«, berichtete sie mir glücklich.

So hatte sie eine Unterkunft und da sie sich auch um Pflanzen und Haustiere kümmerte, verdiente sie sich noch etwas dazu. Darüber hinaus übernahm sie ein paar Teilzeitjobs in kleinen Geschäften und auf dem Markt, da Arbeitskräfte in der Nebensaison schwer zu bekommen waren.

Voller Entschlossenheit ließ sie sich sogar noch mehr einfallen. Nach einem heftigen Sturm mietete sie sich kurzentschlossen eine Motorsäge und befreite Häuser von umgestürzten Bäumen und Sträuchern. Daraufhin bekam sie auch einen Auftrag von der Gemeinde.

Als ich ihr begegnete, lebte sie bereits seit vier Jahren auf Cape Cod. Mittlerweile hat sie einen kleinen Secondhandladen und kocht im Sommer für einige Leute, die gerne nachmittags mit dem Boot hinausfahren und sich bei der Rückkehr über ein Abendessen freuen. Zudem reinigt sie ein paar Häuser.

So einfallsreich kann man sein, wenn man sich etwas aus ganzem Herzen wünscht.

Kleine FREUDEN

Kleine Freuden: Wir werden auf viele Missionen geschickt, um Freude und Begeisterung zu erleben, aber lassen Sie uns ehrlich sein – in unserem normalen Alltag kommt das nicht sehr häufig vor. Doch wir müssen nicht überall nach überschwänglichen Gefühlen suchen. Achten Sie einfach auf die kleinen Dinge, die Sie ein kleines bisschen glücklicher machen. Fühlen Sie sich vielleicht besser, wenn Sie Ihren

Stuhl ans Fenster in die Sonne stellen? Gibt es eine schöne Farbe in Ihrem Zuhause, die Sie häufig betrachten, heute aber noch nicht wahrgenommen haben? Steht in Ihrem Regal ein Buch mit Gemälden oder Fotos, in dem Sie kurz blättern könnten? Bereits ein Augenblick der Freude kann Ihr Leben an einem Tag etwas besser machen. Probieren Sie es aus.

Stützen Sie sich bei Ihrer SUCHE nach Träumen nicht auf Ihre bereits erwiesenen Fähigkeiten

Ignorieren Sie auch Ihren Lebenslauf. All das eignet sich gut dafür, um einen Job zur Überbrückung zu finden, hat aber keine Bedeutung für die Suche danach, worin Sie brillant sind. Recherchieren Sie nicht in den Stellenanzeigen oder in Berufsverzeichnissen nach Ihrem Traumjob, denn dort werden Sie ihn nicht finden. Erlernte Fähigkeiten unterscheiden sich von Begabungen. Vielleicht hatten Sie noch keine Gelegenheit, Ihre persönlichen Begabungen zu entwickeln, aber dennoch sind sie vorhanden.

Es ist nämlich so: Wir alle beherrschen Dinge, die uns keinen Spaß machen. Vielleicht ist es die Fähigkeit, Klavier zu spielen, Hecken zu schneiden oder aufzuräumen. Aber wenn es Sie nicht mit Zufriedenheit erfüllt, sollten Sie sich nicht dazu verleiten lassen, daraus einen Beruf zu machen.

Auf meine Frage, was sie gerne tun, antworten mir viele Menschen: »Nun, ich könnte ein Buchhalter sein …« In diesen Fällen muss ich sie unterbrechen: »Ich habe Sie nicht danach gefragt, was Sie tun *können*, sondern danach, was Sie *gerne* tun.« Wenn Sie sich diese Frage stellen, werden Sie immer mehr erkennen, was Sie begeistert.

Leidenschaft oder Liebe?

Heutzutage sprechen Menschen oft von Passionen, aber nicht viele behaupten, selbst leidenschaftlich für etwas zu brennen. Bei der Arbeit hat man dieses Gefühl in der Regel nicht, hofft jedoch, dass es sich eines Tages einstellen wird.

Leidenschaft beziehungsweise Passion ist ein furchteinflößendes Wort. Es ist auf einer anderen Ebene als Begriffe wie Zorn, Traurigkeit oder Glücklichsein. Es ähnelt vielmehr Eigenschaften wie Glamour, Heldenhaftigkeit oder Mut – die man bei anderen Menschen wahrnimmt, sich selbst aber kaum zuschreibt.

Viele Menschen lassen sich von mir beraten, weil sie ihre Passion noch nicht gefunden haben. Da sie in der Regel bestimmte Vorstellungen mit diesem Begriff verbinden, ist mir klar, warum sie nicht weiterkommen. Sie denken, sie müssten einen extrem starken inneren Antrieb verspüren – quasi davon besessen sein.

Gelegentlich ist das sogar der Fall. Aber wenn man genauer darüber nachdenkt, wünschen sich die meisten Menschen nicht, dass ihre Arbeit zu einer solchen Obsession wird. Man sollte etwas von Herzen gerne tun. Wenn man sich allerdings für etwas begeistert, bedeutet das nicht automatisch, absolut passioniert zu sein. Denken Sie an jemanden, den Sie von ganzem Herzen lieben – etwa an Ihren Partner oder Ihre Mutter, Ihr Kind oder Ihren Hund oder Ihre beste Freundin – und überlegen Sie, ob Sie diese Liebe als leidenschaftlich bezeichnen würden.

Leidenschaft ist feurig, sie schließt alles andere aus, und wenn man leidenschaftliche Gefühle für andere Menschen entwickelt, erlischt diese Passion in der Regel schnell. Meiner Meinung nach wird die Leidenschaft überbewertet.

IHR ZÖGERN SOLLTE IHNEN NICHT PEINLICH SEIN

Ich möchte Ihnen etwas verraten, das Ihnen vielleicht nicht bewusst ist: *Je mehr Sie sich etwas wünschen, desto verbotener ist es.* Sonst hätten Sie es bereits.

Es soll tatsächlich verboten sein? Genauso ist es. Entweder Sie dürfen nicht damit angeben oder Sie dürfen sich nicht darüber freuen oder etwas in dieser Art. Es hat etwas damit zu tun, was Sie in Ihrer Kindheit erlebt haben.

Sie hören eine innere Stimme sagen: »Für wen hältst du dich eigentlich?«

Ich sage Ihnen dies jetzt, damit Sie vorbereitet sind: Wenn Sie tun, was Ihnen wirklich Spaß macht, werden Sie auf sich allein gestellt sein. Sie werden sich gut dabei fühlen, und dann wird es Sie plötzlich wie ein Schlag treffen. Sie werden verwirrt sein, so auf etwas zu reagieren, was Sie gerne tun. Aber es würde Ihnen nie in den Sinn kommen, dass es daran liegt, *weil* es Ihnen so gefällt!

An diesem Punkt schämen die meisten von uns sich dafür. Es ist uns peinlich. »Wie konnte ich nur so blöd sein? Ich dachte, alles wäre gut, aber ich habe mir selbst nur etwas vorgemacht!«

Doch Ihre inneren Widerstände sollten Ihnen nicht länger peinlich sein. Sie sind ganz normal und ein universelles Phänomen, wir alle erleben so etwas. Versuchen Sie sich Folgendes bewusst zu machen: *Wenn innere Widerstände zutage treten, muss es einen guten Grund dafür geben.*

Anstatt zu versuchen, sie unter den Teppich zu kehren, sollten Sie der Sache auf den Grund gehen. Wieso tauchen die Widerstände auf? Was genau hat sie hervorgerufen? Seien Sie wie ein guter Wissenschaftler: Bewerten Sie nicht, was Sie erleben. Beobachten Sie es. Es lohnt sich, Zeit darauf zu verwenden, ein unerwartetes Gefühl zu untersuchen, wenn Sie das mit Respekt tun. Sie können viel daraus lernen.

LANGEWEILE

Finden Sie sich nie mit Langeweile ab, sonst bleiben wesentliche Facetten in Ihrem Inneren ungenutzt, und das ist nicht gut. Der Zustand der Langeweile kann zu Hoffnungslosigkeit führen, wenn er zu lange anhält. Machen Sie sich so lange auf die Suche nach etwas, das Ihre Neugier weckt oder Sie inspiriert, bis – bildlich gesprochen – die Nadel Ihres Interessenkompasses ausschlägt, und steuern Sie umgehend diese Richtung an.

Bewahren Sie sich bei Ihren Erkundungen einen offenen Geist

Hüten Sie sich vor dem, was man als »Analyse-Paralyse« bezeichnen kann. Nichts bringt Sie besser voran als konkrete Informationen. Und diese bekommen Sie auf keinen Fall, wenn Sie alleine dasitzen und zum x-ten Mal verschiedene Möglichkeiten und Risiken durchgehen. Manchmal müssen Sie sich – so wie ein Erfinder, eine Wissenschaftlerin oder Entdeckerin – einfach aufraffen und etwas in Angriff nehmen, was Ihre Neugier weckt.

Etwas zu erkunden, verpflichtet sie zu nichts, daher sollten Sie Ihr Vorhaben nicht bis ins Letzte analysieren.

Sobald Sie aktiv werden, erhalten Sie mehr Informationen als mit jeder noch so intensiven Analyse. Egal wie viel Sie darüber spekulieren, was Sie mit Ihrem Leben anfangen sollten, bevor Sie eine Situation nicht tatsächlich erlebt haben, werden Sie sich nie sicher sein. Durch Ihr konkretes Handeln erkennen Sie, welche Dinge Ihnen nicht gefallen, und können diese ad acta legen. Darüber hinaus werden Sie sofort wissen, ob Sie etwas von Herzen gerne tun.

Anderen gegenüber können Sie Ihre Aktivität als »Forschungsarbeit« bezeichnen.

Vertrauen SIE auf die Anziehungskraft, die ein Traum auf Sie ausübt

Das möchte ich noch einmal betonen: Träume sind Botschaften, die Ihre Begabungen Ihnen schicken und auf die Sie reagieren sollten. Wenn Sie davon träumen, Rap-Schallplatten aufzunehmen, aber keine Ahnung von Tontechnik (oder gar von Rap selbst!) haben, wer sagt denn, dass Sie diese Dinge nicht lernen können? Was Sie begeistert, hängt nicht von dem Wissen oder den Fähigkeiten ab, die Sie bisher erworben haben, sondern von Ihren persönlichen Begabungen.

Wenn Sie etwas ausprobieren möchten, von dem Sie keine Ahnung haben, sollte Ihr oberstes Ziel sein, mehr darüber in Erfahrung zu bringen. Recherchieren Sie zum Beispiel im Internet, suchen Sie eine Buchhandlung auf. Sie können auch an einem eintägigen Kurs zum Thema teilnehmen, etwa an einer Volkshochschule.

Falls Sie nach Ihren ersten Rechercheschritten immer noch interessiert sind, sollten Sie etwas praktische Erfahrung sammeln. Wenn die Tätigkeit Sie tatsächlich begeistert, werden Sie keine Zeit verschwenden und sich alle erforderlichen Kenntnisse dafür aneignen.

Schon bald werden Sie sich fragen, warum Sie so lange gebraucht haben, um loszulegen.

Wo gibt es solche Jobs?

Menschen, die innere Widerstände gegen eine Jobsuche verspüren, haben häufig die Vorstellung, mit Dutzenden von anderen Leuten in einem Großraumbüro zu sitzen, auf einen Computerbildschirm zu starren und den ganzen Tag etwas Langweiliges zu tun.

Doch es gibt viele verschiedene Arbeitsplätze. Wenn Sie zum Beispiel gerne draußen arbeiten, finden Sie bestimmt mehr Jobs, als Sie erwartet haben. Vor Kurzem habe ich eine Frau kennengelernt, die als Rezeptionistin für Park Ranger in Nationalparks arbeitet. »Früher wusste ich nicht einmal, dass es überhaupt solche Jobs gibt«, erklärte sie mir voller Begeisterung.

ÜBERRASCHENDE JOBS

»Ich habe das Theater schon immer geliebt. Ich bin einfach gerne dort, es gefällt mir, meinen Teil beizutragen und sogar Tickets beim Einlass zu kontrollieren. Ich hätte nie gedacht, dass ich meinen Lebensunterhalt auf eine solche Weise verdienen könnte. Mittlerweile bin ich so lange am Theater, dass ich alles von der Pike auf gelernt habe und nach einer Weile als Inspizientin angestellt wurde. Meine Tätigkeit ist sehr vielfältig und eng mit Aufführungen verknüpft. Ich liebe meinen Job!«

Im Ausland arbeiten

Englisch-, aber auch Deutschkurse sind im Ausland sehr beliebt. Falls Sie gerne in exotischen Ländern leben würden, könnten Sie daher zum Beispiel nach Möglichkeiten in diesem Bereich recherchieren. Beispielsweise bietet die Regierung Saudi-Arabiens überaus gut bezahlte Jobs im Bereich Englischkurse für Beschäftigte im Gesundheitsbereich an.

»Ich lebe in Tokio und leite eine Zweigstelle eines großen Sprachinstituts«, erzählte mir jemand kürzlich. »Ich bin viel auf Reisen, lerne interessante Menschen kennen und die Bezahlung ist ebenfalls sehr gut.«

Jeder Ihrer Träume hat Ihr
INTERESSE
verdient

Selbst wenn Ihr Traum Ihnen vollkommen außer Reichweite erscheint, sollten Sie voller Achtung und Interesse an ihm festhalten. Vielleicht sind Sie und alle Menschen in Ihrem Umfeld der Meinung, er sei nicht realisierbar, aber Ihnen ist nicht bewusst, was möglich ist. Eines ist sicher: Die Dinge, die uns am meisten bedeuten, sind stets erreichbar!

Egal wie realistisch Ihr Traum ist, er existiert nur, weil Sie einen sehr guten Grund haben, Ihr Herz dafür zu öffnen. Träume sind Botschaften, die Ihre Begabungen Ihnen schicken. Es sind Sehnsüchte nach Dingen, die Sie brauchen. Sie sollten sie daher stets ernst nehmen. Sie haben Ihre besondere Aufmerksamkeit verdient.

Eines Tages werden Ihre Träume Ihnen absolut sinnvoll und stimmig erscheinen.

Der Traum, in eine andere STADT zu ziehen

Eine meiner Klientinnen hatte den Wunsch, in eine Stadt in der Nähe ihres Wohnortes zu ziehen, von der sie absolut begeistert war. Sie hatte nicht genug Geld für den Umzug, aber durch unsere Gespräche erkannte sie etwas, das auch Sie sich klarmachen sollten: Das Geld ist meistens nicht das Problem, obwohl es anfangs so scheinen mag. Ich verrate Ihnen, auf welche Weise die Frau ihr Vorhaben erfolgreich in die Tat umsetzte:

Zunächst fuhr sie an den Wochenenden dorthin, wurde Mitglied in einem Gartenverein sowie in einer politischen Organisation. Sie freundete sich mit vielen Menschen an und genoss ihre Zeit dort. Es war beinahe so, als würde sie bereits dort wohnen.

Nur ein paar Monate später hatte sie die Möglichkeit, in ihrem bisherigen Job in Teilzeit von zu Hause aus zu arbeiten. Dadurch hatte sie mehr Zeit, um ihre Stadt zu besuchen. Sie wurde dort Mitglied im Kirchenverein, und kurz darauf fand dieser eine sehr günstige Wohnung für sie!

Nach einem Jahr lebte und arbeitete sie in dieser Stadt, genau so, wie sie es sich stets gewünscht hatte. Viele große Träume, die zu schwierig oder zu teuer erscheinen, lassen sich auf eine ähnliche Weise verwirklichen: Setzen Sie Schritt für Schritt jeweils kleine Teile davon um und bewahren Sie sich Ihren Traum. So werden Sie ein schönes Leben führen.

Blockaden abbauen: Lösungsansätze

Stecken Sie aufgrund von inneren Widerständen fest oder weil Sie alles immer wieder auf später verschieben? Und auch das positivste Denken hilft Ihnen nicht weiter? Dann sollten Sie andere Lösungsansätze ausprobieren:

Die erste Ebene der Lösungsansätze besteht aus den sogenannten Tipps und Tricks. Dabei handelt es sich um Methoden, die die meisten Menschen kennen. Wenn Sie sich etwa davor drücken, eine Aufgabe zu erledigen, können Sie diese in Stichpunkten auf einem Blatt Papier festhalten, das Sie gut sichtbar an einer Wand befestigen. Oder Sie suchen vorab das benötigte Material zusammen, damit alles bereit ist, wenn Sie loslegen wollen. Manchmal hilft es auch, sich eine Frist zu setzen: »Ich gebe mir zwei Stunden Zeit, um diese Aufgabe zu erledigen.«

Viele dieser Dinge funktionieren – zumindest für eine Weile. Aber ihre magische Wirkung lässt ziemlich schnell nach. Kurze Zeit später ignorieren Sie die Vereinbarung, die Sie mit sich selbst getroffen haben – und die Sie so leicht brechen können, weil niemand sonst davon weiß.

Dann sollten Sie zur nächsten Ebene übergehen. Lassen Sie uns die ersten Lösungsansätze als »Sololösungen« bezeichnen und die nächsten als »Gemeinschaftslösungen«. Letztere haben die größte magische Wirkung. Es ist eine wahre Offenbarung zu erkennen, wie sich alles verändert, wenn noch jemand mit an Bord ist. Wenn Sie zum Beispiel zum Joggen gehen möchten, bleiben Sie bei einer Sololösung vielleicht im Bett liegen. Es gibt Dutzende Möglichkeiten, andere Menschen in Ihre Projekte miteinzubeziehen. Und fast alle funktionieren und lassen Sie aktiv werden. Denken Sie nur einmal an Ihre persönliche Frist, die Sie ignorieren können. Sobald ein Lehrer, eine Chefin oder das Finanzamt zu einem bestimmten Zeitpunkt etwas von Ihnen erwarten, ist die Wahrscheinlichkeit sehr groß, dass Sie die Frist einhalten werden!

Wenn bei einer Gemeinschaftslösung ein Freund, wie vereinbart, vor Ihrer Tür steht, dann haben Sie zwar vielleicht nach wie vor keine Lust zum Joggen, aber Sie werden es dennoch tun – und Sie werden froh darüber sein!

Die dritte Ebene der Lösungsansätze stelle ich für den Moment noch etwas zurück. Diese Variante sollten Sie ausprobieren, wenn Sie trotz der anderen beiden Strategien nicht aktiv geworden sind. Aber ich gebe Ihnen bereits jetzt einen kleinen Hinweis: Es geht darum herauszufinden, welche Emotionen Ihren inneren Widerständen zugrunde liegen. Sind Sie wütend? Traurig? Verunsichert? Vielleicht sogar glücklich? Es kann sein, dass Sie all diese Gefühle verdrängen möchten und daher jegliche Aktivität vermeiden. Sobald Sie sich dem Projekt widmen, dem sie aus dem Weg gehen wollen, werden Sie eines dieser Gefühle erleben.

Es gibt noch weitere Lösungsebenen, aber die genannten drei lösen in der Regel 90 Prozent aller Blockaden auf. Das gilt vor allem für die Ansätze der zweiten Ebene.

Nach GLÜCK streben

Wenn Sie Ihr Glücksniveau steigern, fördern Sie automatisch auch Ihr Selbstwertgefühl. Sie müssen keine ausgefeilten Techniken anwenden, um sich selbst in einem anderen Licht zu betrachten, negative Gefühle loszuwerden oder in den Spiegel zu schauen und zu sagen: »Ich liebe dich.«

Sie werden ein größeres Selbstwertgefühl entwickeln, wenn Sie Ihr Glücksniveau ein Dutzend Mal am Tag mit kleinen Schritten erhöhen. Dafür bedarf es keiner weiteren Entscheidung. Sobald Sie Ihr Glücksniveau aktiv fördern, begegnen Sie sich selbst automatisch mit mehr Achtung.

Einfach mal was ausprobieren

Zu viele Menschen sind der Meinung, sie könnten ihre Träume nicht verwirklichen, ohne ihren Job oder ihren Lebensstil aufzugeben. Aber das stimmt nicht, und es wäre auch nicht sinnvoll. Sie sollten Dinge ausprobieren, bevor Sie sich ihnen vollkommen verschreiben. Behalten Sie daher Ihren Job und bewahren Sie sich Ihren Lebensstil … und suchen Sie nach Möglichkeiten, Ihre Träume *auszuprobieren*! Ihnen fällt nichts dazu ein, wie Sie das umsetzen könnten? Dann organisieren Sie eine Ideenparty!

EINE IDEENPARTY
ORGANISIEREN

Treffen Sie sich mit einer kleinen Gruppe von Menschen – bis zu zehn Teilnehmer ist in der Regel eine gute Größe, wenn Sie Ihre ersten Erfahrungen mit einer Ideenparty machen – und lassen Sie sich in dieser Runde bequem nieder. Achten Sie darauf, keine Leute mit einer negativen Einstellung dabeizuhaben, denn bei einer Ideenparty geht es nicht darum, Ideen zunichtezumachen. Sie werden häufig überrascht sein, welche großartigen Informationen angesichts eines scheinbar unmöglichen Problems zutage kommen.

Jeder Teilnehmer, der ein paar Ideen erhalten möchte, hat bis zu 15 Minuten Zeit und beginnt jeweils folgendermaßen:

Ich möchte … tun.

Aber ich kann es nicht, weil … (und weil …, wenn es mehrere Gründe gibt).

Jeder sollte diese beiden Sätze sagen.

Manchmal wird man aufgefordert, genauer zu erklären, wie man etwas meint, und das ist auch in Ordnung, solange man sich kurzfasst.

Beim nächsten Schritt machen die anderen Teilnehmer Vorschläge. Jemand sollte die Ideen schriftlich festhalten – allerdings nicht die Person, die um Vorschläge gebeten hat, da das Schreiben sie zu sehr vom Reden und Zuhören ablenken würde.

Beenden Sie diese Runde nach 15 Minuten, damit jeder, der das gerne möchte, an die Reihe kommt. Nach den Fragerunden können Sie sich ungezwungen noch weiter über

Dinge unterhalten, bei denen es noch Gesprächsbedarf gibt. Unter dem Link barbarasclub.com/ideaparty können Sie sich eine Ideenparty ansehen.

HART ARBEITEN UND TUN, WAS MAN LIEBT

Etwas, das wir gerne tun, beherrschen wir mit Leichtigkeit – es macht uns Spaß! Wenn Ihnen eine Tätigkeit schwerfällt, die Sie begeistert, machen Sie etwas verkehrt. Denn die Natur richtet es so ein, dass wir die Dinge, für die wir eine Begabung haben, liebend gerne tun, damit wir ihrer nie überdrüssig werden. Die Natur weiß, wie sehr wir die Begabungen anderer für unser eigenes Überleben benötigen und belohnt uns entsprechend.

Wenn Sie etwas nicht gerne tun – egal wie leicht es auch sein mag –, fällt es Ihnen persönlich zu schwer, um richtig einzusteigen. Wenn Sie etwas dagegen gerne machen, ist es eine wahre Freude. Hier ist ein Beispiel dafür: Egal wie sehr es Ihnen auch missfällt, im Fitnessstudio zu trainieren, wahrscheinlich würden Sie liebend gerne die ganze Nacht lang in netter Gesellschaft zu großartiger Musik tanzen.

Damit genug mit meinem Plädoyer. Legen Sie los und beginnen Sie mit dem, was Sie begeistert. Die Stunden werden nur so verfliegen!

Inspiration finden

Vor Kurzem schrieb mir jemand Folgendes: »Ich bin auf der Suche nach Dingen, die mich inspirieren. Aber wo finde ich sie? Wo soll ich danach suchen? Und wie? Ist es zu spät dafür? Wo soll ich nur beginnen? HILFE!!!«

Das sind wichtige Fragen, vielen Menschen geht es genauso. Achten Sie zunächst darauf, was Ihnen Spaß macht. Suchen Sie nicht nach einer Passion oder nach Dingen, bei denen Sie vor lauter Begeisterung ganz aus dem Häuschen geraten. Menschen, die genau das erleben (und es gibt nicht viele von ihnen), wissen bereits, was sie möchten.

Der Rest von uns muss auf eine andere Weise vorgehen. Man kann keine Passion entdecken, ohne sich selbst – die eigenen angeborenen Talente – besser zu kennen. Und der einzige Weg, um sie zu ermitteln, besteht darin, sie in kleinen Schritten zu erforschen: Beobachten Sie aufmerksam, was Ihnen Freude bereitet. Geben Sie sich etwas Zeit. Nach und nach werden Ihre Begabungen sichtbar, und Sie werden wahrnehmen, wie Sie ihnen gegenüber empfinden.

Verzweifeln Sie nicht. Sie haben Zeit. Die Tatsache, dass Sie sich damit befassen, wird Ihnen mehr helfen, als Sie ahnen.

Überlassen Sie sich Ihren **TRÄUMEN** und machen Sie den Realitätstest zu einem späteren Zeitpunkt

Zunächst sollten Sie sich erlauben, wie ein Kind ohne Einschränkungen zu träumen. Danach können Sie Ihren Traum wie ein Erwachsener der Realität anpassen. Wenn Sie beides auf einmal versuchen, machen Sie Ihren Traum in dem Moment zunichte, in dem er aus seinem Versteck hervorlugt, und er wird sofort wieder verschwinden. Sobald Ihr Traum sichtbar ist und klar und deutlich von der Sonne angestrahlt wird, können Sie so viel Realismus einbringen, wie Sie möchten. Wenn Ihr Traum jedoch nie zutage kommt, werden Sie diese Möglichkeit nie haben.

Hüten Sie sich zum Beispiel davor, sich Ihre Träume auszumalen und sofort Kritik daran zu üben, sonst werden Sie nie herausfinden, was Sie von Herzen gerne tun.

Träumen Sie zunächst davon, was Sie liebend gerne machen würden. Später entscheiden Sie dann, wie Sie es umsetzen werden. Dafür sind völlig unterschiedliche Werkzeuge nötig. Ein Autor schreibt und redigiert nicht gleichzeitig. Wenn Sie versuchen, beide Schritte auf einmal zu tun, wird Sie das nirgendwohin führen.

BEGABUNGEN MITHILFE VON GLÜCKSNIVEAUS ERKENNEN

Die Freude ist mit unseren Begabungen verknüpft, das ist sicherlich eine biologische Gegebenheit. Die Liebe zu bestimmten Dingen ist uns angeboren. Wir sind dafür geschaffen, manche Dinge besser als andere zu beherrschen. Das trifft auf jeden Einzelnen zu.

Sie können all die Bereiche, in denen Sie eine Begabung haben, systematisch ermitteln, indem Sie Ihren verschiedenen Aktivitäten Glücksniveaus (siehe S. 22) zuordnen: Wählen Sie dafür jeweils eine Zahl auf einer Skala von eins bis zehn aus. Zehn Punkte stehen dabei für das größte Glücksgefühl. Ordnen Sie all den Dingen, die Sie gerne tun, GN-Zahlen zu.

Achten Sie besonders auf die Dinge mit einem Glücksniveau von sieben oder mehr Punkten. Ihre Talente werden nach und nach vor Ihren Augen zutage kommen.

Den Vorstellungen anderer LEUTE entsprechen zu wollen: Ein Irrtum

Sehen Sie wie ein Schriftsteller aus?

Hatten Sie je das Gefühl, im Kreise Ihrer Familie und Freunde als Dampfplauderer dazustehen? Kay macht es riesigen Spaß, im Rahmen ihres Film-Workshops Drehbücher zu schreiben und Kurzfilme zu drehen, aber es gelingt ihr nie, ihre Freunde und Familie davon zu überzeugen, dass sie eine »Drehbuchautorin« oder eine »Filmemacherin« ist. »Ich komme mir wie eine Hochstaplerin vor«, erzählte sie mir. »Meine Familie macht sich über mich lustig und ist der Meinung, dass ich nur rumspiele und es gar nicht ernst meine. Ich komme mir vor wie eine Dilettantin. Ich werde wohl nie wie eine Autorin oder eine Filmemacherin wirken.«

Tatsächlich wird es so nicht funktionieren. Sie sind keine Sache, kein Objekt, das man wie eine Schale in einem Regal betrachtet. Sie haben Augen, sehen andere Dinge, denken darüber nach und fangen etwas damit an. Sie sind weder etwas Gutes noch etwas Schlechtes, kein Beruf, keine Heldin und auch keine Mutter! Versuchen Sie nicht länger, irgendwelchen Bildern zu entsprechen. Das ist so, als wären Sie zur Schau in einem Museum ausgestellt. Konzentrieren Sie sich nicht länger darauf, wie etwas auf Sie wirkt. Sie müssen die Welt sehen, wenn Sie lebendig sein und Ihr Leben lieben möchten. Lieben bedeutet, etwas zu sehen, wirklich zu sehen, was sich vor einem befindet.

Was in Ihnen steckt

Ich denke häufig an einen Spruch, der andere Menschen stets berührt, wenn ich ihn zitiere. Mich bewegt er ebenfalls, er stammt aus dem Thomas-Evangelium:

Wenn ihr das hervorbringt, was in euch ist, wird euch retten, was ihr habt.

Wenn ihr nicht das hervorbringt, was in euch ist, wird euch das, was ihr nicht hervorbringt, töten.

Der zweite Satz ist ziemlich gewaltig. Ich weiß zwar nicht, was der heilige Thomas genau mit dem Begriff »töten« meinte, aber eines ist sicher: Wenn Sie nicht wenigstens den Versuch machen herauszufinden, was »in Ihnen ist« (auf welche Weise Sie künstlerisch tätig werden und welches Wissen Sie sich aneignen möchten, welche Welten Sie sehnlichst kennenlernen wollen, welchen Menschen Sie helfen möchten – mit anderen Worten, all die Dinge, die Sie vielleicht liebend gerne tun würden), werden die Jahre an Ihnen vorüberziehen, und Sie werden das Gefühl haben, Ihr Leben nicht vollkommen auszuschöpfen. Und damit zerstören Sie Ihr Potenzial und all das Potenzial, das Ihnen entgegengebracht wird.

Ein gutes Leben wird denjenigen geschenkt, die neugierig sind und versuchen, mehr darüber zu erfahren, was Ihr Interesse weckt. Sie werden Schauspieler oder lernen zu singen. Sie eignen sich Kenntnisse an, um Steinmauern auf die gleiche Weise zu bauen wie Menschen vor ein paar Hundert Jahren. Sie legen Gärten an, essen das, was darin wächst, und machen sich schlau darüber, was die Pflanzen benötigen. Sie versuchen zu verstehen, was die Wolken am Himmel bedeuten, und interessieren sich für das Wetter. Sie reisen in andere Länder, lernen Sprachen, um zu verstehen, was Menschen anderer Kulturen denken. Viele dieser Dinge machen sie nur ein oder zwei Mal, weil sie wissen, dass die Neugier das Leben mit endloser Freude erfüllen kann, wenn man sie zulässt. Man könnte sagen, unsere Neugier ist das, was in uns ist. Und man könnte behaupten, dass sie uns rettet, wenn wir sie hervorbringen.

Wenn Sie das bereits tun, wissen Sie, wovon ich spreche. Wenn nicht, sollten Sie wirklich damit beginnen. Dafür ist weder viel Geld oder Zeit noch die Erlaubnis von irgendjemandem nötig. Und es wird Ihnen Ihr einziges Leben retten.

TRÄUME

Wehren Sie sich innerlich dagegen, Ihre Träume umzusetzen, und versuchen Sie sich mit weniger zufriedenzugeben?

Seien Sie vorsichtig.

Sie können nie genug von dem bekommen, was Sie eigentlich nicht wollen.

Meine bescheidenen
FÄHIGKEITEN
bringen nicht genug Geld ein

»Es gibt etwa fünf Dinge, die ich wirklich mit Begeisterung tue, und ich bin damit irgendwie auch erfolgreich. Aber nichts davon bringt mir genug Geld zum Leben ein. Ich weiß nicht, was ich diesbezüglich machen soll.«

Dieser Klientin empfahl ich, dem Beispiel vieler anderer Menschen zu folgen und sich verschiedene Einkommensquellen zu erschließen. Es ist möglich, verschiedene Dinge zu tun, selbst wenn jede Aktivität für sich genommen nur einen Teil des Geldes einbringt, das man benötigt – vorausgesetzt, in der Summe reicht es.

Sie können kunsthandwerkliche Arbeiten auf Flohmärkten verkaufen und andere bei deren Steuererklärungen unterstützen. Sie können Räume streichen und Antiquitäten restaurieren. Und in den Sommermonaten können Sie als Gärtnerin arbeiten. Wenn Sie – wie diese Frau – solche Dinge überaus gerne tun, werden Sie auch gut darin sein, und das wird sich herumsprechen.

Ein weiterer Pluspunkt ist die Abwechslung. Die verschiedenen Einkommensquellen lassen keine Langeweile aufkommen. Für viele Menschen, die eine 40-Stunden-Woche als ermüdend und eintönig empfinden, kann dies eine ideale Lösung sein.

Wie Sie Kritiker überzeugen

Ich gebe Ihnen nun den besten Ratschlag, den Sie zu diesem Thema je bekommen werden. Lesen Sie das Folgende daher sorgfältig:

Lassen Sie es.

Versuchen Sie es erst gar nicht.

Die Kritiker haben ihre eigenen Ansichten, und während Sie versuchen, ihre Zustimmung zu bekommen, haben diese Ihnen ihre Perspektive bereits aufgedrückt. Sie machen das sehr geschickt, daher ist es schwierig, sich dem zu entziehen.

Gehen Sie innerlich auf Distanz. Stimmen Sie den Kritikern komplett zu (es macht immer Spaß zu beobachten, wie sehr sie das verwirrt).

Und verraten Sie diesen Leuten Ihre guten Ideen fortan nicht mehr.

Sagen Sie einfach NEIN zum positiven Denken

Ich habe nichts dagegen, positiv gestimmt zu sein. Ich habe oft gute Laune – ich weiß lediglich nicht im Vorhinein, wann das der Fall sein wird, und Sie wissen das von sich ebenso wenig. Versuchen Sie daher nicht, Ihre Stimmung zu verändern. Statt auf gute Laune zu warten, vergessen Sie einfach Ihre Gestimmtheit und machen Sie sich ans Werk.

Wenn Sie nicht gerne um Hilfe bitten

»Ich brauche meinen Computer. Ich wünschte, ich hätte ihn mitgenommen«, sagte J. während eines Besuchs in einer anderen Stadt. »Mein Sohn wohnt bei mir in der Nähe. Eigentlich könnte ich ihn bitten, mir den Computer zu holen, per Post nachzuschicken, aber er hat immer so viel zu tun.«

»Hat er das Gefühl, dass Sie ihm viel helfen?«

»Hm, das weiß ich nicht«, sagte J. »Darüber habe ich nie nachgedacht.«

»Helfen Sie ihm denn viel?«

»Ich versuche es, aber ich hänge es nicht an die große Glocke.«

»Natürlich nicht. Aber es ist ihm sicherlich bewusst, auch wenn Sie es nicht extra erwähnen.«

»Mag sein. Aber was soll ich nun tun?«

»Lassen Sie ihn helfen. Das verleiht ihm wahrscheinlich ein positives Gefühl. So kann er etwas sehr Einfaches, aber Wichtiges tun, etwas, das seiner Mutter wirklich weiterhilft. Wie würde es Ihnen gehen, wenn Sie etwas Ähnliches für ihn tun könnten?«

J. dachte eine Weile darüber nach und erwiderte dann: »Es würde mir ein sehr gutes Gefühl verleihen!«

»Dann könnten Sie ihm dieses Mal die Möglichkeit geben, sich richtig gut zu fühlen. Den meisten von uns fällt es leichter, anderen zu helfen, als selbst um Hilfe zu bitten. Vielleicht sollten wir lernen, das zu ändern und zulassen, dass unsere Familie oder unsere Freunde uns unterstützen, wenn wir es wirklich brauchen.«

Die Scheu davor, den eigenen **VATER** zu übertrumpfen

Männer sind typischerweise eher davon betroffen, aber es gibt auch Fälle, in denen Töchter dieses Gefühl erleben.

Manche Menschen verhindern ihren eigenen Erfolg – aus scheinbar unerfindlichen Gründen – aus eigenen Stücken, wenn sie kurz vor einem lohnenden Durchbruch stehen. Dies ist einer der wenigen Fälle, in denen der innere Widerstand tatsächlich zur »Selbstsabotage« wird.

Warum verhält jemand sich so? So wie beim »verbotenen Glück« (siehe S. 136) sorgt das Gefühl, den eigenen Vater zu übertreffen und ihm dadurch ein schlechtes Gefühl zu vermitteln, dafür, dass man sich selbst immer wieder daran hindert, erfolgreich zu sein.

Machen Sie sich Ihre Erfolge sowie Momente des Scheiterns bewusst und versuchen Sie zu erkennen, ob es ein Verhaltensmuster gibt, mit dem Sie sich selbst sabotieren. Vielleicht basiert dieses Verhalten auf einer verdrängten Entscheidung, Ihrem Vater Leid zu ersparen, indem Sie ihn nicht übertreffen.

Möglicherweise basiert Ihr Verhalten auch auf einer weniger liebevollen Situation. Zum Beispiel wenn Ihr Vater stets besser sein möchte und wütend und verletzend reagieren würde, wenn Sie in einem Bereich Erfolg hätten, in dem er gescheitert ist.

In beiden Fällen ist die Ursache in einem frühen Teil Ihres

Lebens zu finden und daher nicht leicht zu erkennen. Versuchen Sie, Ihrem Verhaltensmuster auf den Grund zu gehen und Erkenntnisse daraus zu gewinnen. Dann wird es Ihnen viel leichter gelingen, erfolgreich und glücklich zu sein.

Walter Mitty[1] ist nicht Ihr Vorbild

Wenn Sie herausfinden möchten, was Sie begeistert oder was Ihnen die größte Erfüllung bringt, sollten Sie keiner romantischen Vorstellung etwa von Ruhm oder dem Leben eines Filmstars nacheifern. Denn bei solchen Fantasien handelt es sich nicht um Dinge, die Sie sich von Herzen wünschen. Sie führen Sie vielmehr in die Irre.

Wenn Sie sich selbst als Held sehen, wissen Sie noch lange nicht, ob Sie tatsächlich jeden Tag gerne die Arbeit machen würden, die Sie als diese Person vor sich hätten. Ich kenne Menschen, die sich als Kapitän auf einem eigenen Segelboot sehen möchten – eine Hand am Steuer, kompetent und mit entschlossenem Blick –, denen das Segeln und das Erlernen der grundlegenden Techniken aber gar keinen Spaß machen.

Achten Sie darauf, dass Ihnen so etwas nicht passiert – es sei denn, Sie möchten gerne einen Roman schreiben. In diesem Fall könnten Sie genau die nötigen Fähigkeiten dafür haben, und die Tätigkeit würde Ihnen darüber hinaus auch Spaß machen.

---

1 ›Das Doppelleben des Herrn Mitty‹, Filmkomödie (Anm. der Übers.)

ANNAHMEN
STETS HINTERFRAGEN

Wenn Sie viele Dinge gemacht haben, die nicht befriedigend waren, könnten Sie innerlich blockiert sein, weil Sie vielleicht denken: »Ich muss unbedingt einen Job in *irgendeinem* Unternehmen bekommen, obwohl ich eine Abneigung gegen die gesamte Firmenwelt habe.« Vielleicht denken Sie auch: »Ich muss in der Tourismusbranche arbeiten, weil mir das Reisen so viel Spaß macht. Allerdings hat mir bisher kein Job in diesem Bereich gefallen.«

Sie sollten eine Mission starten, bei der Sie nach falschen Vermutungen fahnden und diese auflösen, damit sie nicht länger zwischen Ihnen und den Dingen stehen, die Ihnen Spaß machen.

Verwandeln Sie jede Annahme in eine Frage: »Warum muss man einen Job in einem Unternehmen haben?« oder »Warum muss es ein Job in einem Büro sein?« oder »Warum verabschiede ich mich nicht von der Vorstellung, einen Vollzeitjob zu haben und verdiene mir meinen Lebensunterhalt mit einer Reihe von kleineren Tätigkeiten?« oder »Warum muss ich unbedingt einen Job in der Tourismusbranche haben? Warum suche ich mir keinen Job, der mir genug Zeit und Geld für meine eigenen Reisen lässt?«

Einer meiner Klienten, der im Finanzsektor arbeitete, erinnerte sich daran, dass er seine schönsten Momente während der Schulzeit im Kunstunterricht erlebt hatte. »Es ist mein Traum, im Kunstbereich zu arbeiten«, erzählte er mir. Doch nachdem er über jede Möglichkeit nachgedacht hatte, wie er das umsetzen könnte, kam er zu dem folgenden Schluss: »Keiner dieser Jobs interessiert mich. Ich möchte weder Künstler vermarkten oder sie beraten noch ihr Geld verwalten. Ich möchte nicht einmal selbst malen!«

Als ich weiter nachhakte, wurde klar, dass es ihn am meisten begeisterte, Künstlern *zuzuhören*, die über Kunst sprachen. Er verbrachte gerne Zeit mit ihnen, weil ihr Denken so erfrischend und inspirierend für ihn war. Als wir dem weiter nachgingen, kam eine unerwartete wertvolle Erkenntnis zutage: Es gefiel ihm *generell*, etwas Neues zu erfahren. Er war davon begeistert, so wie ein Athlet von der körperlichen Aktivität. Die Kunst war nur ein Bereich, der ihm diese neuen, spannenden Informationen und Sichtweisen bescherte. Mittlerweile besucht er, wann immer er kann, Vorlesungen an einer Universität in der Nähe seines Wohnorts.

Prüfen Sie jede Ihrer Vermutungen in Bezug darauf, was Sie gerne tun (oder warum Sie es nicht tun) und achten Sie darauf, welche Erkenntnisse dabei zutage kommen: Möglicherweise sind Sie Ihrem Ziel viel näher als Sie denken.

Waren Sie heute gut zu sich SELBST?

Machen Sie sich stets bewusst, dass Sie wertvoll und wichtig sind. Zum Beispiel mithilfe dieser Fragen:

Haben Sie sich heute mindestens einmal ein positives, angenehmes Gefühl beschert?

Haben Sie mindestens einmal laut gelacht?

Haben Sie etwas getan, um Ihren Geist zu erfreuen?

Haben Sie mit Farben oder Holz herumexperimentiert, mit glatten Oberflächen, Licht oder Klängen, um etwas Neues zu gestalten?

Diese Dinge sollen Ihnen ein Gefühl der Leichtigkeit und Freude verleihen und keine weiteren Einträge auf Ihrer täglichen Erledigungsliste werden. Achten Sie daher darauf, was Sie dabei empfinden. Auf diese Weise werden Sie einen gewaltigen Schritt nach vorne machen und heute Nacht besser schlafen.

Unerwünschte Vergleiche und Freiheit

Wenn Sie früher häufig mit anderen verglichen wurden oder zahlreiche Forderungen an Sie herangetragen wurden, die zum Beispiel so klangen: »Du solltest dir einen besseren Job suchen, so wie dein Cousin« oder »Du solltest deine Begabungen nicht nur zum Spaß nutzen, sondern um damit Geld zu verdienen« oder »Du solltest dir eine Arbeit in einem aussichtsreichen Bereich suchen«, obwohl Sie sich überhaupt nicht dafür interessierten, dann tragen Sie möglicherweise eine Bürde mit sich herum, von der Sie sich gerne befreien möchten.

Oft gestehen Sie sich daher keine eigenen Wünsche zu. Sie geben nicht preis, was Sie liebend gerne tun, damit niemand ein Urteil darüber fällen kann. Möglicherweise vermeiden Sie Dinge, die Ihnen Spaß machen könnten. Das heißt, Sie haben keine Ahnung, was Sie eigentlich möchten. Und manchmal kann selbst das seltsamerweise in Ordnung sein!

So erzählte mir eine Klientin einmal: »All die gemeinen Kommentare meines inneren Kritikers haben mir sehr zugesetzt. Aber jetzt ist alles in Ordnung, weil ich tun kann, was ich gerne möchte, und so sein kann, wie ich will.

Letztlich entschloss ich mich dazu, nichts zu tun. Meine gesamte Freizeit ist unverplant, und ich sorge dafür, dass das auch so bleibt. Tatsächlich habe ich ein paar Jahre lang tausend verschiedene Dinge gemacht, aber nun sage (und spüre) ich, dass ich meine Zeit ausschließlich mit schönen Dingen verbringen möchte. Daher habe ich in den letzten drei Jahren mehr Spaß gehabt als je zuvor.

An jedem Tag vom Wochenende sage ich zu mir: ›Ich muss heute nichts tun.‹ Dann überlege ich, was ich Schönes machen könnte und schon geht es los.«

Ist es
PRAKTISCH?

Manche Menschen sagen zu mir: »Ich brauche keinen Traum, Barbara, sondern einen Job.« Und ich stimme ihnen vollkommen zu. Wenn man seine Miete nicht bezahlen und nicht für seine Familie sorgen kann, ist es noch nicht an der Zeit, einen Traum umzusetzen. Aber Menschen, die so etwas sagen, meinen eigentlich Folgendes:

»Ich kann meinem Traum nicht nachgehen, weil er mir kein Geld einbringt. Ich kann meinen Job nicht wegen meines Traums aufgeben.« Die Menschen bringen dabei allerdings etwas durcheinander.

Ihr Traum soll Ihnen gar kein Geld einbringen.

Wie bitte? Ja, genauso meine ich es. Zwar gibt es keine Vorschrift, dass man kein Geld damit verdienen darf, was man von Herzen gerne tut – wobei einige Menschen mir geschrieben haben, sie hätten das Interesse an ihrem geliebten Hobby verloren, als es für sie zu einer Einkommensquelle wurde. Und das ist ein sehr misslicher Umstand. Es kann lange dauern, bis man sich von einem falschen Umgang mit einem Traum wieder erholt.

Aber wenn Sie kein Geld mit dem verdienen, was Sie sehr gerne tun, wovon sollen Sie sich dann ernähren?

Sie werden sich auf die gleiche Weise versorgen, wie Sie es im Moment tun. Mithilfe eines Jobs. »Aber das ist nicht praktisch!«, wenden Sie jetzt vielleicht ein. Das ist es tatsächlich nicht. Aber in Ihrer Freizeit tun Sie die ganze Zeit bereits das, was Sie gerne machen, und zwar ohne irgendetwas dabei zu verdienen. Denken Sie einmal darüber nach.

Haben Sie Kinder? Kinder kosten viel Geld. Aber sie bringen kein Geld ein. Haben Sie einen Garten? Auch das ist nicht sehr praktisch, es sei denn, Sie verkaufen Ihre Blumen. Die meisten von uns tun dies jedoch nicht. Wir ziehen sie heran und erfreuen uns daran. Die Dinge, die uns auf der Welt am meisten begeistern, bringen kein Geld ein. Wir versuchen Geld zu verdienen, um sie zu tun.

Finden Sie daher heraus, was Sie gerne machen, und widmen Sie sich diesen Dingen dann in Ihrer Freizeit. Es wird Sie begeistern, Ihre freie Zeit auf diese Weise zu verbringen. Es kann Ihnen Ihr Leben sehr versüßen.

Wenn Sie Ihre TRÄUME vergessen

Vielleicht wissen Sie nicht genau, wie Ihre Träume aussehen, aber Sie spüren sie tief in Ihrem Inneren. Ihre Träume sind nie weit entfernt, selbst wenn sie nicht klar definiert sind. Tatsächlich ist es sehr schwer, sie loszuwerden. Sie plagen Sie und führen Sie in Versuchung. Sie erinnern Sie immer wieder daran, dass etwas Wesentliches fehlt.

Und das ist sehr gut so. Wenn Ihre Träume Sie nicht plagen würden, würden Sie sie völlig vergessen.

Ein Mittel gegen Aufschieberitis

Man nennt es Vorbereitung. Wenn Sie eine Aufgabe erledigen müssen, planen Sie sich diese für einen späteren Zeitpunkt oder den nächsten Tag ein und bereiten Sie alles komplett vor – bis ins letzte Detail. Alles sollte zur Verfügung stehen, damit Sie nicht nach etwas suchen müssen, sobald Sie loslegen.

Lassen Sie die Arbeit dann bis zu dem Zeitpunkt ruhen, für den Sie die Aufgabe eingeplant haben. Sie werden überrascht sein, wie viel leichter es ist, zu einem festgelegten Zeitpunkt mit der Arbeit zu beginnen, wenn alles gut vorbereitet ist!

FIESLINGE

Manche Menschen sind einfach aggressiv und unfreundlich. Idealerweise hält man ihnen dann einen Spiegel vor. Am besten funktioniert das in Gegenwart anderer Menschen. Ich sage einfach mit ruhiger Stimme: »Oh, das war nicht sehr nett.«

Der Betreffende fühlt sich ertappt, es ist ihm sofort peinlich, und er fühlt sich unwohl. Er wird sogleich ein paar Bemerkungen machen, um sein Gesicht zu wahren, aber achten Sie nicht darauf. Sie haben bereits gewonnen.

Man kann sich seine Wünsche nicht aussuchen

Manchmal möchten wir uns dazu bringen, etwas Bestimmtes zu wollen, obwohl es uns eigentlich nicht entspricht. Doch wir können uns nicht aussuchen, was uns gefällt. Wir können unserem Herzen ebenso wenig vorschreiben, was es will, wie wir bestimmen können, wen wir lieben. Was uns gefällt, sucht sich uns aus. Tatsächlich ist das bereits geschehen, und nun ist es an uns, das zu erkennen. Unsere Begabungen haben wir von Geburt an. Wir können sie nicht entstehen lassen, wir können sie lediglich entdecken.

Hier ist eine Faustregel dazu: Wenn Sie keine Ahnung haben, was Sie von Herzen gerne tun, gehen Sie zunächst am besten der Nase nach und verlassen sich auf Ihr Gefühl. Wenn etwas sich wider Erwarten nicht gut anfühlt, sollten Sie es sein lassen und nach etwas anderem suchen.

Häufig müssen wir ohne Orientierungshilfen einen neuen Weg finden, und weder die Vernunft noch die Erfahrung oder Ratschläge können uns dabei helfen. Die einzige Möglichkeit, um herauszufinden, wofür wir geschaffen sind, besteht darin, auf unser Gefühl zu vertrauen. Wenn wir vor einem Büfett mit Dutzenden verschiedener Speisen stehen, vertrauen wir unserem Geschmack, ohne weiter darüber nachzudenken. Wenn wir uns für einen Traum entscheiden, ist es ziemlich ähnlich.

Tricks, um Zeit zu finden

Treffen Sie Verabredungen, die Sie vielleicht einhalten (bei denen aber niemand von Ihnen abhängig ist), und sagen Sie diese im letzten Moment ab. (Nun haben Sie sofort Zeit für sich! Das funktioniert wunderbar mit großen Zeitmengen – wie zum Beispiel Tagen!) Beschließen Sie, Ihre Schränke aufzuräumen, und lassen Sie es dann im letzten Moment bleiben. (Die Unordnung wird sich, wie Sie wissen, ohnehin wieder einstellen.)

Nutzen Sie die gewonnene Zeit, um etwas Besonderes zu machen, etwas, das mit Ihrem Traum zu tun hat. Bereiten Sie zum Beispiel einen Tisch mit all den Materialien vor, die Sie benötigen, um eine Modellstadt zu basteln. Oder richten Sie sich eine Ecke ein, in der Sie die Bücher lesen können, die Sie am liebsten mögen. Oder suchen Sie sich im Internet eine Wanderkarte von einer Gegend heraus, die Sie seit Längerem reizt (und bestellen Sie sich vielleicht gleich ein paar Wanderschuhe dazu, wenn Sie schon einmal dabei sind).

Aber was ist, wenn bestimmte Dinge getan werden müssen oder wenn etwas in Ihrer Wohnung nicht mehr funktioniert? So etwas ist zeitintensiv, und jemand muss sich darum kümmern. Na schön. Beauftragen Sie jemanden damit.

Wenn Sie keine Zeit haben, um sich Ihrem Traum zu widmen, sollten Sie sich etwas Wichtiges versprechen: Dass Sie Ihre Zeit nie mit Dingen verschwenden werden, die jemand anderer erledigen kann. Und wo sollen Sie das Geld herbekommen, um die Leute zu bezahlen? Organisieren Sie es. Verkaufen Sie etwas. Hören Sie auf, immer mehr Dinge zu kaufen. Suchen Sie nach einem wenig zeitintensiven Weg, um sich ein bisschen dazuzuverdienen.

Viele Menschen sind der Ansicht, es sei maßlos, jemanden für bestimmte Aufgaben zu engagieren. Letztlich bedeutet das jedoch, sein eigenes Leben der Hausarbeit zu widmen, anstatt seinen Begabungen. Setzen Sie Ihre Prioritäten auf eine bessere Weise. Ihre Talente benötigen Ihre Aufmerksamkeit (und die Person, die Sie engagieren, braucht das Geld).

Egal welches ZIEL Sie aussuchen, Ihr Traum wartet bereits auf Sie

Wenn Sie eine ernsthafte Traumsuche beginnen möchten, sollten Sie sich bewusst machen, dass Sie einen Traum weder aussuchen noch erschaffen können. Sie können ihn lediglich entdecken.

Ihre Träume sind in Ihnen verankert: als das, was Sie begeistert und wofür Sie geschaffen sind. Deshalb verleiht es Ihnen ein gutes Gefühl, sie umzusetzen.

Für ein Ziel entscheiden Sie sich dagegen bewusst. Sie können es gestalten. Es ist konkret und spezifisch. Es gibt ein Ergebnis und einen angestrebten Termin. Sie könnten Ihren Traum zum Beispiel folgendermaßen beschreiben: »Ich habe festgestellt, dass ich nur glücklich bin, wenn ich draußen in der Natur arbeite.« Aber Sie sollten auch bereit sein, sich ein Ziel zu setzen: »Ich möchte mindestens vier verschiedene Möglichkeiten ausprobieren, draußen zu arbeiten, um herauszufinden, was mir am besten gefällt.« Auf diese Weise können Sie die nötigen Aktivitäten entwickeln, um Ihren Traum umzusetzen.

Da Sie sich nicht aussuchen können, was Sie von Herzen gerne tun, müssen Sie sich auch nicht dafür rechtfertigen. Falls jemand behauptet, Ihre Wünsche seien verkehrt, sollten Sie einfach erwidern: »Ich kann nichts dafür. So ist es eben.«

STRESS
UND TRÄNEN

Die Wissenschaft scheint etwas zu bestätigen, was ich immer wieder beobachtet habe: Um Stress abzubauen, muss man weinen, nicht viel, vielleicht nur ein wenig. Die Angst wird sich sofort auflösen – vorübergehend, aber in der Regel lang genug, um selbstbewusst bei einem Bewerbungsgespräch oder entspannt bei einem Rendezvous aufzutreten!

Offenbar hat die Wissenschaft Stressenzyme in Tränen gefunden. Der Zusammenhang ist zwar noch nicht genau erforscht, aber nach meiner Erfahrung löst sich Angst durch Tränen auf – so wie Eis durch heißes Wasser zum Schmelzen gebracht wird.

Probieren Sie es aus.

IHR ALTER

Sie haben jedes Alter, das Sie bereits durchlebt haben. Das ist bei jedem von uns der Fall.

Das zweijährige Kind in Ihnen ist noch genauso vorhanden wie das neunjährige und so weiter.

Immer wenn ein unerwartetes Gefühl ausgelöst wird, liegt es daran, dass ein bestimmtes Alter in uns angesprochen wird und wir wie jemand in diesem Alter reagieren.

ANGST ABSCHÜTTELN: BEKOMMEN SIE EINEN KOLLER

Babys sind Experten darin. Wenn sie sich gestresst fühlen, schreien sie sehr laut. Danach geht es ihnen besser. Wenn wir heranwachsen, bringt man uns natürlich bei, das nicht zu tun. Sicherlich möchte niemand vor anderen Leuten losschreien wie ein Baby, sonst wäre das dadurch verursachte Chaos viel schlimmer als das eigentliche Problem, das man in den Griff bekommen möchte.

Aber es gibt clevere Möglichkeiten, Stress ohne Geschrei aufzulösen. Häufig lassen sich genau die Dinge überwinden, die uns blockieren, wenn wir wunderbar negativ sind – unverhältnismäßig negativ –, wenn wir uns selbst bemitleiden und zum Beispiel gemeinsam mit ein paar Freunden eine Selbstmitleidsparty veranstalten.

Ich selbst stand am Anfang meiner Karriere kurz vor einem Fernsehinterview einmal prüfend vor dem Spiegel. Ich fand, dass ich schrecklich aussah und sagte es meinen Söhnen, die damals Teenager waren: »Furchtbar – und so werde ich gleich im Fernsehen sein! Was soll ich nur tun?«

»Du siehst tatsächlich schrecklich aus«, antwortete mein älterer Sohn. »Sicher schalten die meisten Zuschauer sofort um.«

»In diesem Kleid wirkst du wie ein großer Kartoffelsack«, fügte der jüngere hinzu. Meine Söhne hörten erst wieder damit auf, als ich mich vor Lachen kaum noch halten konnte.

Als ich mich wieder beruhigt hatte, war der Stress verflogen. Ich blickte erneut in den Spiegel, befand, dass ich gut genug aussah, und machte mir bewusst, dass ohnehin niemand auf mein Äußeres achten würde. Ich bedankte mich bei meinen Söhnen dafür, dass sie mich auf diese wunderbare, übertriebene Weise in meinem Selbstmitleid unterstützt hatten, und gab daraufhin ein erfolgreiches Interview.

Probieren Sie es aus. Halten Sie Dinge in einem Kummernotizbuch fest, wenn gerade niemand da ist, der Ihnen helfen könnte. Werden Sie so lange extrem negativ, bis Sie über sich selbst schmunzeln müssen. Das wird Ihnen überaus gut tun.

Warum Sie denken, Sie wüssten nicht, was Sie wollen

Wenn Sie der Meinung sind, etwas sei unmöglich, werden Sie es nie auf Ihre Wunschliste setzen. Mein Lösungsansatz zu diesem Problem sieht so aus: Ich fordere die Menschen auf, darüber nachzudenken, was ihnen Spaß macht. Aber selbst das löst die Denkmuster, mit denen man etwas den Kategorien »möglich und unmöglich« zuordnet, nicht immer auf.

Eine Klientin erzählte mir, sie hätte keine Ahnung, was ihr gefalle. Doch ein Freund von ihr, der zufällig in der Nähe war, erwähnte, dass es ihr große Freude bereite, anderen Menschen Bücher näherzubringen.

»Ach ja, das stimmt. Das mache ich ausgesprochen gerne«, sagte sie strahlend. »Aber was bringt mir das? Das lässt sich beruflich nicht umsetzen.«

»Ich weiß nicht, ob Sie damit recht haben«, erwiderte ich. »Vielleicht möchten Sie Ihren jetzigen Job noch eine Weile behalten und Ihre Liebe zu Büchern und zum Lesen auf verschiedene Weise nutzen. Sie könnten Eltern, die ihre Kinder zu Hause unterrichten (in den USA ist das möglich, Anm. der Übers.), dabei unterstützen, diese für Bücher zu begeistern. Sie könnten das Konzept Lehrern vermitteln und so häufig wie möglich kostenlose Vorträge zu dem Thema halten. Sie könnten in Ihrer Kirchengemeinde, in Gemeindezentren oder Vereinen darüber sprechen. Nach einer Weile wird man Sie als die Person kennen, die andere Menschen für das Bücherlesen begeistert. Vielleicht könnten Sie Vorträge bei Autoren- oder Verlagskonferenzen halten, weil das Lesen vom Aussterben bedroht ist und viele Menschen gerne etwas gegen diese Entwicklung unternehmen möchten.

Vielleicht ergibt sich daraus nichts weiter, aber möglicherweise öffnen sich andere Türen für Sie. Man kann es nie wissen. Es kostet Sie nichts, und Sie werden die Möglichkeit haben, über Ihre Passion zu sprechen. Probieren Sie es ein Jahr lang aus und schauen Sie, was passiert!«

Welcher JOB ist gut genug?

Wenn Sie einen ordentlich bezahlten Job finden, die Kollegen sympathisch sind, die Arbeit Sie nicht stresst oder all Ihre Zeit in Anspruch nimmt und der einzige Nachteil daran ist, dass der Job »nicht gut genug« ist, dann handelt es sich um einen wunderbaren Job.

Es ist eine Arbeit, die Ihnen Ihre Träume finanziert. Wenn Sie einen solchen Job finden, sollten Sie ihn annehmen. Und falls Sie so eine Arbeit haben, halten Sie daran fest, es sei denn, eine viel bessere Möglichkeit ergibt sich, die zudem mehr Sicherheit bietet. Sie werden sehr froh darüber sein, dass Sie sich so entschieden haben.

Sollten Sie Ordnung schaffen?

Falls Sie beschließen aufzuräumen, etwa um Raum für ein spannendes neues Projekt zu schaffen, ist das eine großartige Idee. Verstauen Sie einigen Krempel irgendwo, um Platz zu gewinnen.

Aber seien Sie auf der Hut. Der Prozess des Aufräumens kann eine Eigendynamik entwickeln. Letztlich geht es nicht darum, möglichst gut organisiert zu sein. Sie sollten vielmehr in der Lage sein, Dinge zu finden, Platz zu schaffen und sich Zeit freizuschaufeln. Daher möchte ich eine Warnung aussprechen: Hüten Sie sich davor, große Mengen an Zeit zu verschwenden, indem Sie sich der fragwürdigen Aufgabe widmen, Dinge zu ordnen, die nicht geordnet werden müssen.

Wenn Sie aus gutem Grund Ordnung schaffen – um ein weiteres kreatives Projekt zu beginnen –, werden Sie fraglos eine gewisse Unordnung in Ihren aufgeräumten Raum bringen. Vergessen Sie daher Ihre netten minimalistischen Vorstellungen von großen freien Räumen, von einer alphabetischen Sortierung sowie einem Farbsystem, wonach alles, was Sie besitzen, geordnet ist.

Wenn Sie zu den ordnungsliebenden Menschen gehören, haben Sie ohnehin kein Problem mit Unordnung. Und wenn nicht, gibt es keinen erdenklichen Grund, für Ordnung zu sorgen, außer um Platz für weitere Unordnung zu schaffen. Zeit ist wertvoll. Verschwenden Sie sie nicht mit unnötigen Dingen.

Wenn es Ihnen nicht gelingt, den ersten Schritt zu machen

Erzählen Sie einer Freundin, was Sie gerne tun würden – wenn Sie nicht so gelähmt wären. Berichten Sie ihr detailliert, warum das Projekt Ihnen gefallen hat, bevor Sie stecken geblieben sind. Machen Sie sich Notizen darüber, was Sie sagen, da Ihnen (und vielleicht auch Ihrer Freundin) möglicherweise ein paar gute Ideen kommen.

Es gehört zu meinen beliebtesten Tricks, einen Traum in der sicheren Gesellschaft einer patenten Person aufzuwärmen. Ich beginne einfach davon zu erzählen, was ich gerne tun möchte.

LOB

Die meisten Menschen bekommen in ihrem Alltag nicht sehr viel Lob, aber wir alle brauchen es. Lob macht uns mutig.

Tief in unserem Inneren wissen wir häufig, wie wertvoll wir sind, aber der Zugang zu diesem Wissen ist nicht immer leicht.

Wir brauchen Lob, das von außen kommt, sonst wird uns nicht bewusst, dass wir es verdient haben.

Der innere Widerstand hat eine STIMME

Wenn Sie blockiert sind und nicht weiterkommen, haben Sie eine Stimme im Ohr. Es ist die Stimme von jemandem aus der Vergangenheit. Dieser Jemand sagt zu Ihnen: »Was glaubst du, wer du bist?« und »Was ist mit mir?«. Sie haben diese Stimme verinnerlicht und sagen diese Dinge nun zu sich selbst.

Doch Sie können diese Stimme all ihrer Macht berauben: Versetzen Sie sich gedanklich in die Rolle eines Journalisten und interviewen Sie diese Stimme, denjenigen, der ursprünglich mit dieser Stimme sprach. Wenn dann der andere seine Argumente erläutern kann, warum Sie seiner Meinung nach nicht bekommen sollten, was Sie sich wünschen, werden Sie erkennen, dass es bei der Aussage des anderen gar nicht um Sie ging. Möglicherweise hat er Sie mit jemandem aus seiner *eigenen* Kindheit verwechselt oder sein Leben hat sich nicht so entwickelt, wie er es sich erhofft hatte. Und daher kann er nun nicht anders, als neidisch zu sein. Was immer auch der Grund dafür sein mag, es geht nicht um Sie. Und Sie können nichts daran ändern.

Aber in dem Moment, in dem Sie das erkennen, wird der Bann gebrochen.

Ich habe Menschen in dieser Situation immer wieder sagen hören: »Eine große Last fiel von mir ab! Ich hatte endlich nicht mehr das Gefühl, mich selbst ausbremsen zu müssen!«

Probieren Sie, ob Sie sich ebenfalls von einer solchen Last befreien können.

GELD

Angesichts eines Wunsches halten wir Geld stets für die erste Lösung, aber in der Regel ist es der falsche Ansatz. Für die meisten Träume benötigen wir nämlich kein Geld. Tatsächlich brauchen wir viel mehr als Geld – zum Beispiel Knowhow, Unterstützung und Erfahrung.

Führen Sie sich Ihren Traum vor Augen und fragen Sie sich: »Was ist bei diesem Traum der wichtigste Teil für mich, der Teil, der mir am besten gefällt?«

Fragen Sie sich anschließend: »Wie kann ich diesen Traum ohne Geld verwirklichen?«

Sollten Sie versuchen, Ihr Leben zu hassen?

Ein Freund von mir erzählte mir einmal, dass er versuche, sein Leben zu hassen.

»Wie bitte?«, sagte ich verwundert. »Wieso willst du das?«

»Weil es in einem Motivations-Workshop hieß, man müsse sein Leben hassen, sonst werde man sich nicht genug darum bemühen, etwas zu verändern.«

Ich war sprachlos. Als ich mich wieder gesammelt hatte, erwiderte ich: »Du bist jung, klug und gesund. Du verdienst dir deinen Lebensunterhalt, indem du deinen Verstand einsetzt. Du hast eine Frau, die zugleich deine beste Freundin ist, und ihr liebt einander und seid sehr gerne jeden Tag zusammen. Du kannst dein Leben nicht hassen. Du müsstest dein gesamtes Denken auf den Kopf stellen, um so desillusioniert zu werden!«

»Aber wie soll es mir dann gelingen, mein Leben zu verändern?«, hakte er nach.

»Warum möchtest du dein Leben überhaupt verändern?«, fragte ich ihn.

»Na ja, ich möchte wirklich reich sein, und dazu wird es nicht kommen, wenn ich nichts gegen die jetzige Situation einzuwenden habe.«

»Erstens: Warum bist du der Meinung, du könntest deine Gefühle beliebig verändern? Deine Gefühle sind wie das Atmen und Schlafen, wie Hunger und Durst. Du kannst sie nicht erfinden und formen, als handele es sich dabei um ein getöpfertes Objekt. Und zweitens: Warum willst du so reich sein, wo es dir im Moment doch so gut geht und du tatsächlich glücklich mit deinem Leben bist?«

Und dann kam die Wahrheit ans Licht: Mein Freund hatte nie Anerkennung von seinem Vater erfahren, der offenbar ein sehr engstirniger Mensch gewesen war, stets wütend und zynisch, und der andere Menschen und ihre Bemühungen herabsetzte. »Glaubst du wirklich, dass dein Vater dich respektieren würde, wenn du sehr reich wärst?«

»Ja«, antwortete er, und mir wurde klar, dass er wahrscheinlich recht hatte. Wahrscheinlich wäre sein Vater in der Lage – oder gezwungen – einen superreichen Sohn zu bewundern.

»Wow, sieh nur mal, was du zu tun bereit bist, um den Respekt von jemandem zu bekommen, den du überhaupt nicht achtest. Du bist bereit, die besten Dinge in deinem

Leben schlechtzumachen, um einen engstirnigen, problembehafteten Tyrannen zu überzeugen, der andere Menschen drangsaliert.«

»So habe ich das noch nie gesehen«, überlegte mein Freund. »Ich weiß nicht, was ich nun tun soll.«

»Vielleicht solltest du Mitgefühl für das Kind entwickeln, das du früher warst und das so wenig Liebe und Bewunderung von seinem eigenen Vater bekommen hat. Was würdest du einem anderen Kind mitgeben wollen, dessen Vater ihm Anerkennung und Liebe vorenthält?«

Er dachte eine Weile nach und sagte dann mit Tränen in den Augen: »Dein Vater ist ein Dummkopf und ein Tyrann. Wenn du groß bist, solltest du selbst entscheiden, ob du gut genug bist.«

Seine Tränen brachen – wie so häufig – den Bann. Er betrachtete seine Frau, die lesend im Nebenzimmer saß, und sagte: »Ist sie nicht wunderschön?«

»Ja«, antwortete ich lächelnd, »das ist sie wirklich.«

Der BLICK auf andere

Die Vorstellung, dass es irgendwo jemanden gibt, der genauso ist wie Sie, nur besser, ist falsch. Darüber hinaus konzentrieren Sie sich mit einer solchen Haltung nicht mehr auf sich selbst, sondern bemühen sich, die Erwartungen anderer Leute zu erfüllen, obwohl diese Ihnen gar nicht entsprechen.

Die Dinge, die einzigartig und unvergleichlich an Ihnen

sind, schenken Ihnen die einzige Basis, auf der Sie ein Leben aufbauen können, das Sie wirklich erfüllt.

Und *Sie selbst* müssen zufrieden sein.

ABWARTEN

Meistens ist das keine gute Idee, und es ist fast nie nötig. Sie wünschen sich einen Garten, können aber noch keinen haben? Dann pflanzen Sie eine kleine Blume in einen Topf, den Sie vor Ihr Fenster stellen. Sie möchten gerne nach Venedig reisen, haben aber weder Zeit noch das Geld dafür? Dann hängen Sie ein Poster auf und lesen Sie Reiseberichte von Leuten, die dort waren und begeistert davon berichtet haben.

Beginnen Sie mit kleinen Dingen, und beginnen Sie sofort damit. Denken Sie stets daran. Auf diese Weise wird aus einer Fantasievorstellung fast immer eine Realität.

HÄUSER BEGEISTERN MICH, DESHALB MÖCHTE ICH EIN PAAR DUTZEND DAVON

Sind Sie sich wirklich sicher? Vielleicht begeistern Sie sich für Häuser und gehen darin auf, sie zu renovieren oder einzurichten. Das ist wunderbar, aber warum müssen Sie sie besitzen? Sie können nicht in allen Häusern gleichzeitig wohnen. Vielleicht deutet Ihr Faible dafür, Häuser schön herzurichten, darauf hin, dass Sie eine geborene Raumgestalterin oder Innenarchitektin sind.

Und was ist, wenn Sie lediglich davon träumen, Feste in den verschiedenen Häusern zu feiern, die ganze Familie einzuladen oder sich mit Freunden zu treffen? Nun, dann sind Sie vielleicht eine Eventmanagerin, Hochzeitsplanerin, Filmemacherin oder Romanautorin.

Erforschen Sie, welche Möglichkeiten Sie tatsächlich haben. Es sind mehr Dinge möglich, als Sie sich je vorgestellt haben.

Die ANGST davor, einem Wunsch nachzugehen

Wenn Sie einen Wunsch haben, aber Angst Sie blockiert, sollten Sie genau prüfen, woran das liegt. Vielleicht besteht tatsächlich eine Gefahr, und Ihr innerer Widerstand ist Ihr Freund. So ist es meistens keine gute Idee, für Ihre Träume Ihren Job zu kündigen oder ein Darlehen aufzunehmen. Und es ist auch nicht nötig.

Zu viel wollen

Alle Leute raten Ihnen, sich für eine Sache zu entscheiden, aber das können Sie nicht. Weil Sie anders gestrickt sind. Sie machen nichts verkehrt. Nur einen einzigen Pfad zu verfolgen ist nicht das Richtige für Sie. Vertrauen Sie auf Ihr Gefühl und tun Sie stets das, was Sie gerade tun möchten.

Der Faktor ZEIT – Verbündeter oder Feind?

Der Faktor Zeit bewahrt Sie davor, aus der Form zu kommen, da er Sie dazu anhält, in Bewegung zu bleiben und ein bestimmtes Tempo aufrechtzuerhalten. Er kann einer Ihrer engsten Verbündeten werden, allerdings nur, wenn er Sie davon überzeugt, weiterzumachen und keine Panik zu bekommen.

Sie haben etwas GUTES verdient

Vor vielen Jahren habe ich einen Satz gelesen, der mir stets in Erinnerung geblieben ist: »Es ist eine Sünde, schlechtes Eis zu essen.« Das war ein etwas seltsamer Gedanke, aber der Autor erklärte sehr gut, was er damit meinte.

»Es ist keine Sünde, schlecht schmeckendes Brot zu essen. Wenn man Hunger hat, braucht man Brot und muss essen, was man kriegen kann. Aber niemand braucht unbedingt Eiscreme. Wir entscheiden uns stets bewusst dafür.«

Der Autor empfiehlt uns somit, uns immer wieder in Erinnerung zu rufen, dass wir etwas Gutes verdient haben. Dafür brauchen wir übrigens nicht viel Geld. Wir können gut darauf verzichten oder uns nur ein bisschen davon gönnen. Aber wir sollten uns stets bewusst machen, dass es das Beste gibt. Das Beste ist am befriedigendsten, und wir haben das Beste verdient.

Manchmal führen **Probleme** zu Lösungen

Sind Sie immer zur Stelle, um anderen Menschen bei der Lösung von Schwierigkeiten zu helfen? Haben Sie einen Ordnungsfimmel? Legen Sie sich öfter mit Behörden an? Anstatt solche »Probleme« zu verändern, könnten Sie daraus einen Beruf machen. Viele Menschen würden Ihre Hilfe gerne in Anspruch nehmen.

Wurden Sie in eine bestimmte SCHUBLADE gesteckt?

In meinem Fall war es so. Meine Familie bezeichnete mich als Drama-Queen, weil ich ihrer Meinung nach alles hochspielte. Ich frage mich noch immer, ob es tatsächlich so war. Ein paar fiese Kinder in der Schule gaben Klassenkameraden abfällige Spitznamen. Einer meiner Lieblingsspitznamen stammte hingegen von George, dem Barkeeper aus einem Stammlokal meiner Familie. Er sagte zu mir: »Du bist wie eine Traumtänzerin, Barbara. Jeden Tag wachst du in einer anderen Welt auf.« Damit lag er sogar ziemlich richtig.

Aber meistens geben unsere Familien und Freunde uns Namen, die uns auf etwas festlegen: die Kluge, die Hübsche, die Faule, die Alberne, der zerstreute Professor, der Störenfried und so fort. Viele von uns machen das auch am Arbeitsplatz. »Hier kommt der Datenvernichter, sichert schnell eure Dateien.«

Es hat etwas Spielerisches und Tröstendes, gemeinen Leuten einen Spitznamen zu verpassen. Aber als kleines Kind kann einen das auf eine bestimmte Rolle festlegen. Und man wird dadurch manchmal festgepinnt wie ein toter Schmetterling. Obwohl es überhaupt nicht den Tatsachen entspricht, geben wir uns möglicherweise die Schuld an Dingen, für die wir gar nichts können. Oder wir sind selbst überzeugt davon, andere könnten sich nicht auf unser Wort verlassen oder wir seien nicht ernst zu nehmen und verdienten keinen Respekt.

Es ist primitiv, unfair und verletzend, andere Menschen auf diese Art und Weise in Schubladen zu stecken. Prüfen Sie, ob Ihnen bestimmte Eigenschaften zugeschrieben wurden, die Ihnen eigentlich nicht entsprechen, und versuchen Sie Ihr Selbstbild dann davon zu befreien.

Konkurrenzkampf

Das Konkurrenzdenken ist nicht gut für die Kreativität. Es schafft Rahmenbedingungen, bei denen nur eine Person »gewinnen« kann. Und was ein »Sieg« bedeutet, ist stets eine willkürliche Festlegung. Beim Wettbewerbsdenken gibt es nur einen Besten und danach folgt der ganze Rest der Nächstbesten. Nichts ist weniger dafür geeignet, um Originalität zu bewerten.

Sie sollten sich nie mit anderen vergleichen. Verlassen Sie sich, so gut Sie können, auf Ihr eigenes Gefühl und vergessen Sie all die anderen. Es spricht nichts dagegen, sich bestimmte Fähigkeiten und Techniken von guten Lehrern beibringen zu lassen. Aber die besten Lehrer werden Ihnen ebenfalls raten, ein Konkurrenzdenken zu vermeiden, weil sie wissen, wozu das führt.

MACHEN SIE NICHT ALLES ALLEINE

Viele einfache Träume werden nur deshalb nicht verwirklicht, weil die Leute nicht wissen, auf welche Weise sie sich mit anderen zusammentun könnten. Das macht mich sehr traurig, weil die Träume in der Regel nicht unerfüllt bleiben müssten.

»Schon immer wäre ich gerne gereist, aber es kam mir stets unmöglich vor«, erzählte mir eine Klientin. »Ich bin schüchtern und wusste nie, wie ich die Reisevorbereitungen in Angriff nehmen sollte. Ich fühlte mich dumm und zu alt, weil Reisebücher mich überforderten, weil ich nicht alleine reisen wollte und keinen Plan hatte, wohin es gehen sollte. Mir war einfach alles zu viel, und ich war sicher, dass ich diesen Traum nie verwirklichen würde.«

Zum Glück konnte ich diese Frau davon überzeugen, einen wöchentlichen Reiseclub ins Leben zu rufen und den Autor eines Reiseführers zum Gespräch einzuladen. Von da an trafen sich die Teilnehmer jeden Samstag, um sowohl über die Orte zu sprechen, die sie schon bereist hatten, als auch über die Reiseziele, die sie noch besuchen wollten. Nach einer Weile hatte die Frau viele Menschen kennengelernt, die vom Reisen ebenso begeistert waren wie sie selbst.

»Anfangs genoss ich es einfach, die Reiseberichte der anderen zu hören. Es war für mich so wunderbar, als würde ich selbst verreisen«, berichtete sie mir. »Aber kurze Zeit später organisierte eine Teilnehmerin gemeinsam mit einem Reisebüro eine Gruppenreise, und wir fuhren alle nach

Frankreich. Mittlerweile habe ich schon drei Reisen gemacht! Zwei mit Mitgliedern des Reiseclubs und eine alleine. Ich bin absolut begeistert.«

Machen Sie nur den TEIL, der Ihnen gut gefällt

Manche Träume kommen uns unmöglich vor, weil wir an all die Mühe und das Geld denken, die für die Umsetzung erforderlich wären. Aber wer sagt denn, dass aus jedem Traum ein Projekt, ein Geschäft oder ein großes Unterfangen werden muss? Was ist verkehrt daran, sich einfach inspirieren zu lassen und kreativ zu werden?

Wenn Sie sich bewusst jeweils nur dem Teil einer guten Idee widmen, der Sie begeistert, werden Sie eine wunderbare Welt erleben. Sie werden Ihre besten Seiten nutzen und all Ihre Originalität und Freude ausleben. Das Ganze ist dann eher wie ein Spiel. Und etwas spielerisch zu tun, hat eine positive Wirkung auf die fröhlichsten und spannendsten Bereiche Ihres Denkens. Es tut Ihnen gut, so wie das Tanzen.

Wenn Sie nur den Teil machen, der Ihnen sehr gut gefällt, kann sich daraus manchmal etwas Großes entwickeln – wie bei einer Eichel, die zu einer riesigen Eiche heranwächst –, und außerdem haben Sie dabei eine gute Zeit.

Geniale PFADE für unmögliche Träume

Eine meiner Klientinnen aus Kansas City wollte gerne Schauspielerin werden und darüber hinaus Regie führen. Außerdem wollte sie nicht nach New York ziehen.

Sie halten das für unmöglich?

Nachdem sie sich überlegt hatte, welche Möglichkeiten es gab, gründete sie ein gemeinnütziges Regionaltheater für benachteiligte Kinder und ist nun jeden Tag von ihrer Arbeit begeistert.

Innere Blockaden

Eine Frau berichtete mir, sie habe sich für einen Online-Zeichenkurs angemeldet, voller Begeisterung alle Videos angesehen und sich darauf gefreut, bald selbst zeichnen zu können. Alles lief gut, bis zu dem Zeitpunkt, als sie einen Bleistift in die Hand nehmen sollte. »Plötzlich musste ich meine E-Mails checken, zur Toilette gehen, mir eine Tasse Tee kochen … nach meinem Kind sehen, mich um die Katze kümmern, die Wäsche machen …«

Dies ist eine typische Liste von Verhaltensweisen, die auf innere Widerstände hindeuten. Ein solches Verhalten zielt darauf ab, Dinge zu umgehen, die uns ängstigen. Dann tauchen innere Blockaden auf, und wir machen alles Mögliche, um ein entsprechendes Verhalten zu vermeiden. Aber wovor hatte meine Klientin Angst? Zeichnen gilt normalerweise nicht als gefährlich.

Ich wies sie auf etwas hin, worauf ich bereits viele Menschen in ihrer Situation aufmerksam gemacht habe: »Es gibt etwas in Ihrer Vergangenheit, das Sie verunsichert, sobald Sie dieses neue, kreative Projekt in Angriff nehmen möchten. Vielleicht befürchten Sie, nicht gut genug zu sein oder negativ beurteilt und verspottet zu werden. Wer wollte in Ihrer Kindheit, dass Sie sich schlecht fühlten?«

Meine Klientin erinnerte sich an ihre ältere Schwester, die sie sehr geärgert hatte, als beide noch ziemlich klein gewesen waren. Es ist schwer, ältere Geschwister für ein solches Verhalten nicht zu verurteilen. Doch leider ist es vollkommen normal, wenn diese versuchen, ihre Position als einziges Kind zu verteidigen, indem sie jüngere Geschwister herabsetzen.

Meine Klientin erinnerte sich daran, dass ihre Schwester sie verspottet hatte, und erkannte plötzlich, was los war. »Ich hatte tatsächlich das Gefühl, mich der Gefahr auszusetzen, gedemütigt zu werden«, erklärte sie. »Ich hatte ja keine Ahnung, dass das Zeichnen eine emotionale Gefahr darstellen könnte!«

Diese Erkenntnis war groß genug, um die Gefahr aufzulösen, und meine Klientin konnte daraufhin ohne Angst mit dem Zeichnen beginnen. Wenn Sie etwas in Angriff nehmen möchten, jedoch feststellen, dass Sie es so wie diese Frau vermeiden und Ihre E-Mails checken, zur Toilette gehen, sich eine Tasse Tee kochen ... nach Ihrem Kind sehen, sich um die Katze kümmern, die Wäsche machen ... sollten Sie sich auf die Suche nach inneren Widerständen begeben und versuchen, die Ursachen dafür zu ergründen.

Wenn Sie so tun, als hätten Sie keine inneren Widerstände

So zu tun, als wäre alles in Ordnung, und einfach an einer Aufgabe weiterzuarbeiten, ist so, als würden Sie versuchen, mit einem Stein im Schuh an einem Rennen teilzunehmen. Sie sind nicht schneller, wenn Sie einfach weiterrennen und den Stein ignorieren. Es geht schneller, wenn Sie sich hinsetzen, den Schuh ausziehen und den Stein herausschütteln. Letztlich erzielen Sie auf diese Weise ein viel besseres Ergebnis.

Ist man NIE zu alt?

Ich begegne vielen Menschen, die meinen, sie wären zu alt für etwas. Doch wenn sie hören, was ich sage, oder lesen, was ich schreibe, sehen sie das anders. »Aber niemand wird jemanden in meinem Alter einstellen, um … (was auch immer) zu tun«, erwidern Sie nun vielleicht. Möglicherweise haben Sie recht, aber es ist eine sehr gute Idee, das auch zu überprüfen. Ich kenne viele Geschichten von überraschenden Möglichkeiten, die sich lediglich deshalb ergaben, weil jemand sich nicht mit dieser Annahme zufriedengab, sondern sie hinterfragte.

Bei Dingen, die Sie selbstständig tun können, gilt das umso mehr: Sie liegen in jedem Fall falsch, wenn Sie sich zu alt dafür fühlen, ein Museum zu eröffnen, ein Buch zu schreiben, eine Band zu gründen oder Mode zu entwerfen (und erfolgreich zu verkaufen).

Sie sollten sich lediglich Folgendes bewusst machen: Es ist viel schwieriger, diese Dinge alleine umzusetzen. Suchen Sie sich jemanden, der den Wert Ihres Projekts erkennt, der Sie dabei unterstützt und an Ihrer Seite ist. Dann steigen Ihre Erfolgschancen enorm.

Zeitpanik – die Illusion, Sie hätten nicht genug Zeit

Die Zeitpanik ist eine Form von Hysterie, die uns glauben lässt, wir müssten in jeder wachen Stunde unseres Lebens Dinge verwirklichen, die uns wichtig sind, und alles müsse sofort getan werden, weil uns die Zeit davonläuft.

Doch Sie verdrängen emotionales Leid, wenn Sie dieses Gefühl haben. Atmen Sie ein paar Mal tief durch, seufzen Sie dabei oder, was noch besser wäre, versuchen Sie ein bisschen zu weinen, und beobachten Sie, wie die Panik verschwindet!

ÜBERRASCHUNG BEI EINER IDEENPARTY

Bei einem meiner Seminare forderte ich die Teilnehmer auf, von ihren »unmöglichen Träumen«, also ihren Wünschen und Hindernissen zu erzählen. Daraufhin meldete sich eine Frau, sie war gut gekleidet und hatte eine Aktentasche dabei. Offenbar hatte sie Erfolg mit dem, was sie tat. Allerdings wirkte sie sehr unglücklich und kämpfte mit den Tränen.

»Ich möchte gerne mit Primaten arbeiten«, sagte sie, »aber es ist völlig unmöglich. Ich kann meinen Beruf nicht aufgeben und habe keine Zeit, um mich in diesem Bereich weiterzubilden. Ich weiß nicht, wie ich mein Vorhaben je umsetzen soll.«

Ich fragte in die Runde, ob jemand irgendeine Idee dazu hätte. Daraufhin erhob sich eine andere Frau: »Ich arbeite als Koordinatorin für alle staatlichen Zoos im östlichen Teil der USA. Wir haben viele Primaten. Sie sind sehr intelligent und haben häufig schreckliche Langeweile. Daher sind wir stets auf der Suche nach Menschen, die gerne Zeit mit ihnen verbringen und mit ihnen spielen. Bereits eine Stunde pro Tag bringt sehr viel.«

Ich war sehr erfreut, das zu hören, und auch die Frau, die zuerst das Wort ergriffen hatte, war begeistert.

»Sie meinen, diese Dame kann einfach zu Ihnen kommen und anfangen, mit den Primaten zu spielen?«, fragte ich nach.

»Nun ja«, antwortete die Seminarteilnehmerin, »vielleicht sollte sie bei den Klammeraffen beginnen.«

Daraufhin brach der ganze Saal in Gelächter aus.

INTROVERTIERTE UND EXTROVERTIERTE

Manche introvertierten Menschen denken offenbar, es werde von ihnen erwartet, dass sie viele Freunde haben, wenn ich Empfehlungen ausspreche, wie etwa: »Machen Sie nicht alles alleine, sondern bitten Sie andere um Hilfe!« oder »Veranstalten Sie eine Ideenparty mit einer Gruppe von Leuten, um großartige Ideen zu sammeln, wie Ihre Träume wahr werden können.« Sie denken, sie müssten sich in größeren Menschengruppen wohl fühlen, und einige meinen sogar, ihnen werde vermittelt, dass etwas mit ihnen nicht stimme und sie den Wunsch haben sollten, extrovertierter zu sein. Dieses Missverständnis möchte ich ausräumen. Zum einen sollen introvertierte Menschen nicht versuchen, extrovertierter zu werden! Niemand sollte versuchen, etwas zu sein, was ihm nicht entspricht. Und es ist wunderbar, wenn man das Alleinsein genießt. Die meisten Dinge, die wir tun, müssen wir letztlich ohnehin alleine erledigen. Aber das heißt weder, dass wir andere nicht um Hilfe bitten sollten, noch, dass wir alles alleine machen sollten. Idealerweise lässt sich ein Weg finden, um auch introvertierte Menschen davon zu überzeugen, um Hilfe zu bitten.

Zum anderen habe ich in meinen Workshops einige sehr interessante Dinge über introvertierte Menschen erfahren. Die meisten von ihnen sind überaus bereit, fremden Leuten Informationen zu geben und ihnen zu helfen – wenn sie darum gebeten werden. Es fällt ihnen lediglich nicht leicht, den Informationsaustausch zu initiieren. In meinen letzten Workshops habe ich eine Übung durchgeführt, die ich als »Expertentisch« bezeichne. Dabei sitzen sich zwei Menschen gegenüber, jeder von ihnen stellt ein kleines Schild auf, auf dem steht, wobei er andere unterstützen kann. Bei einem dieser Workshops wusste einer der beiden Übungsteilnehmer, wie man eine Internetseite gestaltet, und der andere kannte sich gut mit der Werbung auf Facebook aus.

Diese beiden Menschen am Tisch bezeichneten sich selbst als introvertiert. Sie machten ihre Sache großartig. Wurden sie gebeten, gaben sie anderen sehr gerne Tipps, und offensichtlich machte es ihnen großen Spaß, dass ihnen Fragen gestellt wurden und sie anderen weiterhelfen konnten.

Allerdings sollte man daran denken, sich aktiv an introvertierte Menschen zu wenden, weil sie das Gespräch von sich aus nicht suchen. Wenn man vergisst, ihnen Fragen zu stellen, entgehen einem viele wertvolle Informationen.

AUSDAUER

Hier ist ein Rat an diejenigen von Ihnen, denen es schwerfällt, sich an Pläne zu halten: Tun Sie sich bei Ihren Projekten mit anderen zusammen. Lassen Sie sich von Freunden, Partnern oder einem Team bei der Umsetzung Ihres Vorhabens unterstützen.

Wenn Sie sich regelmäßig daran erinnern lassen, was auf Ihrer Agenda steht und erledigt werden sollte, halten Sie garantiert durch.

Und Ausdauer lässt Träume wahr werden.

Sich lächerlich machen

Möglicherweise befürchten Sie, dass Ihre Begeisterung anderen Menschen, die Sie nicht verstehen, lächerlich vorkommt. Seien Sie gewiss: Ihre Begeisterung ist dieses Risiko wert. Wenn Sie sich zugestehen, Feuer und Flamme für etwas zu sein, wird Sie das so sehr erfüllen, dass Ihnen egal ist, was andere Leute davon halten.

WANN?
DIE PANIKFRAGE

Haben Sie einen großartigen Plan bezüglich eines Traums? Sind Sie überaus glücklich? Gut. Genießen Sie es eine Weile lang.

Irgendwann wird der Zeitpunkt kommen, zu dem Sie diesen Plan umsetzen möchten. Also legen Sie einen Termin fest, wann Sie Ihr Ziel erreicht haben möchten. Und dann gehen Sie Schritt für Schritt von diesem Datum bis zum aktuellen Moment zurück und legen für jede einzelne Phase einen Zeitpunkt fest. Denn so geht man normalerweise vor.

Aber etwas Entscheidendes verändert sich, sobald Sie einen Plan mit einem Termin versehen. Er wird so realistisch, dass sich ein Gefühl der Panik einstellt.

Falls Sie mir nicht glauben, stellen Sie sich vor, jemand würde zu Ihnen sagen: »Heirate mich.« Das bedeutet lediglich so viel wie: »Ich liebe dich.«

Stellen Sie sich nun vor, die Person würde sagen: »Heirate mich am 8. Juni.« Ist Ihr Herz gerade kurz stehen geblieben? Das geschah aus Angst, und die Angst ist die engste Verwandte der Panik.

Sobald Sie einen Termin haben, verändern sich die Spielregeln. Nun handelt es sich nicht länger nur um eine Fantasie. Die Vorstellung wird real, und daher bleibt Ihr Herz einen Moment lang stehen! Nun reicht es nicht mehr, von Ihrem Traum begeistert zu sein. Nun brauchen Sie Unterstützung und Hilfe. Sie brauchen jemanden, der Ihnen zur Seite steht und Ihre Termine prüft, der Sie daran erinnert, Ihr Ziel im Auge zu behalten. Denn ohne diese Hilfe wird der innere Widerstand die Oberhand gewinnen. Wenn Sie diese Unterstützung jedoch haben, werden Sie sich durchsetzen, und Ihr Traum wird sich erfüllen.

Müssen Sie bei null anfangen?

Viele Menschen lassen sich von Ihren Träumen entmutigen, weil sie meinen, sie müssten stets ganz unten anfangen. Doch das ist keineswegs grundsätzlich richtig. Die Situation ist in der Regel vielschichtiger. Bei zahlreichen erreichbaren Träumen kann man auf einem höheren Niveau einsteigen oder an einem gänzlich anderen Punkt beginnen.

Einmal wurde ich Zeugin eines Gesprächs zu diesem Thema. Jemand fragte: »Muss man bei einer neuen beruflichen Entwicklung immer ganz unten beginnen?«

Die Antwort darauf lautete: »Nur wenn Sie vorhaben, dieselbe Leiter zu erklimmen.«

Was ist, wenn Sie nicht wissen, was Sie BEGEISTERT?

Im Grunde genommen wissen Sie es. Jeder weiß es. Ebenso wie wir wissen, was wir gerne essen beziehungsweise was uns schmeckt. Auch unser Herz hat »Geschmacksknospen«. Und diese weisen uns den Weg. Wir müssen bereit sein, eine Verbindung zu unseren Gefühlen zu fördern, und darauf achten, was uns am meisten Spaß macht. Auf diese Weise erhalten wir die besten Hinweise. Zudem sollten wir bereit sein, klein anzufangen, und am Anfang unserer Suche nicht erwarten, sofort eine große Passion zu entdecken oder etwas, das wir zum Beruf machen.

Beginnen Sie bei Ihren Gefühlen. Werden Sie sich darüber klar, was Ihnen am meisten gefällt. Erforschen Sie diesen Bereich.

VERMEIDUNGS-VERHALTEN

Viele unserer Aktivitäten lassen sich in zwei Kategorien unterteilen: Es gibt Dinge, die uns beunruhigen oder gar Angst machen, und Dinge, die unsere Angst mindern. Von Natur aus mögen wir keine Angst, da sie darauf hindeuten könnte, dass eine echte Gefahr droht. Sobald wir etwas tun, das Angst in uns erzeugt, tritt der innere Widerstand auf den Plan und überredet uns dazu, Abstand davon zu nehmen.

Unsere natürliche Veranlagung will uns dabei helfen, unsere Angst abzubauen. Daher überredet sie uns dazu, viel fernzusehen, eine Menge Junkfood zu essen und zu viel Bier zu trinken. Unsere natürliche Veranlagung hält uns dazu an, träge zu sein und in Sicherheit zu bleiben. Und die genannten Dinge reduzieren die Angst unmittelbar.

Am Ende des Abends geht es uns natürlich schlecht, weil wir einen weiteren Abend verschwendet und ein Pfund zugenommen haben. Daher sollten wir einen anderen Weg finden, um unser Angstniveau zu reduzieren, anstatt etwas so Destruktives zu tun.

Es gibt einen solchen Weg: Überlegen Sie, was Sie tun möchten und was Ihnen gleichzeitig Angst macht. Holen Sie dann einen Freund, Arbeitskollegen oder einen anderen Menschen mit ins Boot, der Sie bei dieser Aufgabe unterstützt. Das wirkt wie Magie. Ihr Angstgefühl vermindert sich, Sie werden in der Lage sein, das zu tun, was Sie sich wirklich wünschen, und außerdem werden Sie nicht so schnell zunehmen.

Sie haben seltsame Träume und kommen sich vor wie ein Narr?

Suchen Sie nach Gleichgesinnten. Sehr viele Menschen begeistern sich für Vögel, Briefmarken oder Mikroskope, für wilde Tiere oder für Autos aus dem Jahr 1975. Es war noch nie so einfach, Menschen ausfindig zu machen, die Ihre Interessen nicht seltsam finden. Suchen Sie auf Google oder bei Meetup.com nach Gruppen, die Ihr Interesse teilen, nutzen Sie Facebook. Sie können lesen, worüber sich die Leute unterhalten, und sie kennenlernen.

So gehören zum Beispiel Menschen, die ich als »Scanner« bezeichne, zu einer Gruppe von Leuten, die ich besonders gerne mag. Scanner haben so viele Interessen, dass sie sich nicht nur auf einen Bereich beschränken möchten. Doch fast alle Menschen aus ihrem Bekanntenkreis finden sie etwas seltsam oder sehen sie sogar als Versager. Das ist extrem demoralisierend und unfair. Überdies trifft es nicht zu. Einige der erfolgreichsten Leute der Geschichte waren Scanner.

Ich habe vier oder fünf Facebook-Gruppen für Scanner eingerichtet, damit diese sich miteinander austauschen können, und für viele brachte dies wunderbare Veränderungen mit sich.

Wir alle brauchen Menschen, die uns verstehen, können sie aber nicht immer innerhalb unserer Familie oder in unserem Bekanntenkreis finden. Wir sollten nach solchen Menschen suchen, da es unser Leben entscheidend verändern kann.

DIE WELT RETTEN – EIN UNMÖGLICHER TRAUM?

»Ich hatte den Traum, auf der Welt etwas zu bewirken, sie besser zu machen, Gewalt zu verhindern, ich wusste nur nicht, wo ich anfangen sollte«, erzählte mir eine Seminarteilnehmerin. »Ich war Mitglied in zahlreichen Organisationen, hatte aber nicht das Gefühl, dadurch etwas zu verändern. Also dachte ich lange und intensiv darüber nach, was mir wirklich wichtig war, wen ich erreichen und was ich sagen wollte.

Mittlerweile habe ich eine Präsentation zusammengestellt, die ich in Schulen in meiner Region zeige. Sie enthält viele Spiele sowie anschauliche Modelle, und offenbar kommt die Botschaft tatsächlich bei den Kindern an. Mir macht das riesigen Spaß, und ich hätte nie gedacht, dass es möglich wäre.«

WAS **HINDERT** UNS?

Wir tragen wunderbare Dinge in uns – etwa Begabungen sowie die Sehnsucht, etwas zu erkunden, den Wunsch und die Fähigkeit, anderen zu helfen, ja sogar unsere Welt zu retten –, doch wir bremsen uns durch die Tricks unserer inneren Widerstände aus. Wir sagen dann zum Beispiel zu uns selbst: »Was ist, wenn ich nicht gut genug bin?« oder »Was ist, wenn ich nur mittelmäßig bin?«, als würde das auch nur den geringsten Unterschied machen.

Wir sollten uns nicht mit anderen vergleichen, vor allem weil wir unsere Lieblingsbeschäftigungen zunächst eine Weile ausprobieren müssen – vielleicht sogar ein paar Jahre lang –, bevor wir die Qualität unserer Fähigkeiten einigermaßen einschätzen können. Trauen Sie Gedanken, wie den oben genannten, daher nicht. Sie haben keine Ahnung, ob Sie gut genug sind. Und das weiß auch niemand sonst. Tun Sie das, was Sie von Herzen gerne machen, so intensiv wie möglich und so lange es Ihnen Spaß macht. Das Ergebnis wird sich zeigen und Sie häufig positiv überraschen.

ALLES ODER NICHTS

Eine Klientin erzählte mir einmal Folgendes: »Ich habe beschlossen, mich von dem Motto ›Alles oder nichts‹ zu verabschieden. Es macht mir schon jetzt großen Spaß, nur ein bisschen von den Dingen zu tun, die mich begeistern. Ich muss lernen, mit etwas *anzufangen*, anstatt auf meine innere Stimme zu hören, die mir sagt: ›Ich habe jetzt keine Zeit dafür‹ oder ›Ich muss zunächst mein Leben verändern, bevor ich damit beginnen kann‹.

Solche Gedanken hielten mich stets davon ab, neue, reizvolle Dinge zu tun, obwohl es keinen triftigen Grund dafür gab. Sie blockierten mich.

Ich muss mein Leben keineswegs verändern, um etwas Kleines und Schönes zu tun. Überdies habe ich bereits vor langer Zeit festgestellt, dass ich tatsächlich mehr von diesen Dingen tue, wenn ich nur wenig freie Zeit habe.«

Ein unterbrochener Traum

Ihr Traum wurde unterbrochen, und Sie haben den Mut verloren.

Wie es so ist im Leben, kam Ihnen irgendetwas dazwischen, sodass Sie sich ausgebremst fühlten. Das passiert die ganze Zeit. Aber Sie sollten Ihr Projekt erneut in Angriff nehmen. Ihr Traum wartet darauf, dass Sie wieder zurückkommen.

Tun SIE so, als wären Sie jemand anderer

Dies ist ein sehr kreativer Weg, um Ihren Geist für etwas Frisches und Neues zu öffnen. Tun Sie so, als wären Sie jemand anderer – jemand, der sich sehr stark von Ihnen unterscheidet, und stellen Sie diesem Menschen einige Fragen über Ihr Leben.

Sie können sich jede beliebige Person vorstellen, da Sie mit derselben geistigen Grundausstattung geboren wurden wie ein Steinzeitjäger, eine Herzogin aus dem 18. Jahrhundert, ein Spieler auf einem Schaufelraddampfer auf dem Mississippi oder ein japanischer Mönch. Sie können in Ihrer Vorstellung die Perspektive all dieser Menschen einnehmen. Es ist, als würden Sie die Welt – und sich selbst – mit völlig neuen Augen sehen! Probieren Sie es aus.

Schließen Sie die Augen und versetzen Sie sich in das Leben, das Denken und das Umfeld einer bestimmten Person. Immer wenn Sie auf eine Frage keine Antwort finden, sollten Sie so tun, als wären Sie eine dieser Personen, und die Frage so gut wie möglich aus deren Perspektive beantworten. So stoßen Sie auf vollkommen neue Ideen.

Vielleicht sollten Sie sich nicht intensiver bemühen

Wenn irgendjemand Sie dazu auffordern sollte, sich mehr anzustrengen, sollten Sie prüfen, ob er recht hat. Möglicherweise handeln Sie genau so, wie Sie es tun sollten, und Ihr Temperament und Ihre Begabungen raten Ihnen, etwas nicht weiterzuverfolgen. Es ist richtig, auf Ihr Bauchgefühl zu hören. Achten Sie daher gut darauf.

Emotionales LEID tut genauso weh wie körperliche Schmerzen

Die Natur lehrt uns zu überleben: Wenn wir unsere Hand ins Feuer halten, tut das sehr weh, sodass wir es nicht vergessen. Das nächste Mal werden wir unsere Hand höchstwahrscheinlich nicht mehr in eine Flamme halten. Und wenn jemand unsere Gefühle stark verletzt, ist es genauso schlimm, als hätten wir uns die Hand verbrannt. Daher dauert der Heilungsprozess auf der psychischen Ebene genauso lange wie auf der physischen.

Was motiviert Sie?

Wodurch kommen Sie in die Gänge? Haben Sie den Wettkampfgeist eines Sportlers und gehen Sie darin auf, an allen anderen vorbeizuziehen? Oder begeistert Sie das Gefühl, etwas Neues zu erschaffen – mit Worten, Farben oder mit Hammer und Nagel –, etwas, das Sie stolz betrachten können, wenn es fertig ist? Vielleicht gehören Sie zu den Menschen, die sich ein Ziel setzen und es dann unbeirrt verfolgen.

Sie sollten sich Folgendes bewusst machen: Was jemand

anderen motiviert, muss Sie deshalb noch lange nicht antreiben. Wenn Sie ein Buch lesen oder an einem Workshop teilnehmen, versucht der Autor oder Workshop-Leiter vielleicht, Sie mit etwas zu begeistern, was ihn selbst zum Schwärmen bringt. Sie machen nichts falsch, wenn das bei Ihnen nicht funktioniert.

Wir werden alle durch unterschiedliche Dinge motiviert. Und wie alles andere an uns ist auch das, was uns antreibt, einzigartig. Wir werden mit verschiedenen Anlagen geboren und haben alle eine ganz eigene Geschichte. Zerbrechen Sie sich nicht den Kopf darüber, wenn der Motivationsstil eines anderen nicht für Sie passt. Sie haben Ihren eigenen. Ergründen Sie, was Sie persönlich antreibt. Es könnte sehr nützlich sein.

Hemmungen in Gesellschaft anderer Menschen überwinden

Es gibt einen wunderbaren Trick, den mir mal jemand verraten hat, und zwar zu einer Zeit, als ich auf Partys und andere Events ging. Ich hoffte, jemanden kennenzulernen und mich zu verlieben, fühlte mich aber stets unwohl und stammelte herum, vor allem in Gegenwart der Menschen, die ich am attraktivsten fand.

Und dann fand ich heraus, dass ich meine Hemmungen sofort überwand sowie anderen freundlich und anteilnehmend begegnen konnte, wenn ich so tat, als hätte jede Person mit irgendeinem Problem oder persönlichem Kummer zu kämpfen. Auf diese Weise wirkten die Menschen völlig anders auf mich. Abgesehen davon traf meine Annahme wahrscheinlich auch zu.

Um mich selbst daran zu erinnern, schrieb ich sogar die Buchstaben »SL« auf meinen Handrücken: »Sei liebenswürdig«.

In den falschen TRAUM investieren

Ich möchte Ihnen eine sehr traurige Geschichte erzählen, Ihnen die wichtigste Botschaft allerdings sofort verraten. Sie lautet: *Hören Sie stets auf Ihr Gefühl.* Wenn Sie etwas von Herzen gerne tun, dann spüren Sie das auch. Sollte dies nicht der Fall sein, dann sollten Sie lieber noch mal über Ihr Vorhaben nachdenken.

Manche Menschen widmen ihr ganzes Leben dem, was sie für ihre Berufung halten, ohne tatsächlich auf ihr Gefühl zu hören. Doch wie wichtig das wäre, zeigt die folgende Geschichte:

»Ich kenne jemanden, der Musik studierte, aber eigentlich eine große Leidenschaft für alte Boote hatte. Alle paar Jahre schrieb er sich für neue Kurse ein, um weitere Qualifikationen zu erwerben, aber allein schon die Anmeldeunterlagen auszufüllen fiel ihm schwer, und er verschickte sie stets auf die letzte Minute. Doch nichts konnte ihn von seiner Passion für Boote abbringen. Er war einfach begeistert davon!

Jahre später bin ich ihm wieder begegnet, und zu dem Zeitpunkt fragte er sich, warum er kein erfolgreicher Musiker geworden war.«

KOCHEN
UND DABEI DIE WELT BEREISEN

Eine meiner Workshop-Teilnehmerinnen war gelernte Köchin. Doch sie war es leid, in Restaurants zu arbeiten. »Am liebsten würde ich auf einem Segelboot um die Welt reisen«, erzählte sie mir.

Wir führten ein kleines Brainstorming durch, bei der ihr eine großartige Lösung einfiel, die sie auch umsetzte. Lange Zeit danach berichtete sie mir von ihren Erfahrungen: »Ich habe mich in Yachthäfen umgesehen, in denen kleine Segelboote angelegt hatten, und bot verschiedenen Skippern an, als Köchin auf langen Segeltörns für sie zu arbeiten. Es war großartig! Ich startete in Kalifornien, ging auf Hawaii von Bord, blieb dort eine Weile und suchte mir dann ein neues Schiff. Auf diese Weise habe ich tolle Menschen kennengelernt.«

Rebellisches Verhalten

Als Erwachsene kämpfen wir darum, etwas auf unsere Weise zu tun, und möchten uns nicht kontrollieren lassen. Doch manchmal machen wir aufgrund überholter Annahmen einen Fehler und fühlen uns wie Kinder, die herumkommandiert werden.

Das Problem dabei ist, dass uns in Wirklichkeit niemand herumkommandiert. Die Erwachsenen, die uns einst umgaben, sind zu einem Mythos geworden. Den meisten Menschen ist das, was wir tun, nicht so wichtig, wie wir es gerne hätten.

Es ist ein eigenartiges Gefühl, plötzlich niemanden mehr zu haben, auf den wir wütend sein können, aber es gehört zum Erwachsenwerden dazu.

Welche Leistungen kann ich UNTERNEHMEN anbieten?

Ich habe mehr als einmal gehört, dass große Unternehmen häufig Seminarleiter engagieren, die ihren Mitarbeitern die Fähigkeit vermitteln sollen, gute Strategiepapiere und andere Geschäftskorrespondenz zu verfassen. Oft ergeben sich daraus Folgeaufträge, wie mir eine Workshop-Leiterin erzählte:

»Den Teilnehmern gefallen meine Kurse, und am Ende eines Seminars bitten mich in der Regel einige, Ihnen bei bestimmten Schriftstücken zu helfen. Auf diese Weise bekomme ich ein zusätzliches Beratungshonorar, und das ist ein schöner Bonus.«

Sich mit **Anderen** vergleichen

Sich mit anderen zu vergleichen ist eine Form des inneren Widerstands. Es soll Sie daran hindern, irgendetwas zu tun. Sie sollten nicht über andere nachdenken, nicht einmal über sich selbst. Konzentrieren Sie sich ausschließlich auf Ihre Aufgabe.

Depression und Sehnsucht

Manchmal habe ich Klienten, denen es nicht gelingt zu erkennen, was sie sich eigentlich wünschen. Gelegentlich frage ich dann, ob sie depressiv sind, wenn ich eine solche Stimmung bei ihnen wahrnehme.

Die Antwort lautet häufig: »Ja, aber wenn ich wüsste, was ich will, wäre ich nicht mehr niedergeschlagen.« Diese Leute befinden sich in einer Zwickmühle. Wenn man depressiv ist, kann man nichts wollen. Das ist eins der Symptome einer Depression.

Depressive Menschen hören das nicht gerne, weil sie sich stets selbst die Schuld an ihrer Depression geben, als hätten sie die Macht, diese einfach zu beenden. Sie sind davon überzeugt, dass sie es könnten, wenn sie es wirklich versuchen würden.

Doch wenn wir alle einfach ohne Probleme aktiv werden könnten, würden wir es tun. Sich die Frage zu stellen: »Warum tue ich es nicht?«, ist absolut sinnlos. Wenn man sich nicht ohne Weiteres von einem Moment auf den anderen von einer Depression befreien kann, liegt es daran, dass man dazu schlichtweg nicht in der Lage ist.

Man sollte sich Hilfe suchen und damit aufhören, sich ständig Vorwürfe zu machen wie: »Das einzige Hindernis im gesamten Universum ist meine Einstellung. Wenn ich sie verändern könnte, wäre ich zu allem in der Lage.«

Eine Depression hat nichts mit der Einstellung zu tun. Es handelt sich dabei um eine Krankheit. Wenn Sie sich nicht länger die Schuld daran geben würden (bei einer Grippe beispielsweise würden Sie sich nie solche Vorwürfe machen), könnten Sie die Illusion über Bord werfen, Sie hätten die absolute Kontrolle.

Hören Sie auf, sich selbst die Schuld zu geben, und suchen Sie nach einem Weg, um Hilfe zu bekommen, damit Sie mit kleinen Schritten beginnen können, die Ihr Leben tatsächlich verändern.

MEINE ARBEIT KOMMT MIR DUMM VOR

Eine Klientin schilderte mir folgendes Problem: »Sobald ich beginne, etwas konkret umzusetzen, will ich es nicht mehr, weil es mir dumm vorkommt.«

Das erschien mir etwas seltsam und ich hakte nach: »Wissen Sie zufällig, wodurch dieses Gefühl ausgelöst wird?«

»Es passiert, wenn jemand von meiner Arbeit begeistert ist.«

»Haben Sie irgendeine Ahnung, wann das angefangen hat, fällt Ihnen dazu eine Situation ein?«

»Es begann, als ich noch ein Kind war und meine Mutter mit mir angeben wollte, um ihren Schwestern und Freunden zu zeigen, wie schlau ich war. Vielen Menschen gefällt so etwas, aber ich habe es gehasst!«

»Haben Sie das Gefühl, dass jemand etwas für sich beansprucht hat, das Ihnen gehörte, etwa Ihre persönliche Arbeit, Ihre Ziele?«

»So habe ich das noch nie gesehen, aber genauso fühlte es sich an. So als würden sie mir etwas wegnehmen, als gehöre es ihnen und nicht mir!«

»Das geschah vor langer Zeit, daher haben Sie es vergessen. Aber offensichtlich haben Sie sich geschützt, indem Sie etwas verwarfen, bevor ein anderer es für sich beanspruchen konnte. Als Kind konnten Sie nicht sagen ›Geh weg, das gehört mir!‹, daher haben Sie sich selbst blockiert, indem Sie Ihre Arbeit als wertlos und dumm erachteten.«

Dies ist kein bekanntes Problem, aber es kommt häufiger vor, als Sie meinen. Klingelt es womöglich bei Ihnen?

Ich wollte so GERNE

…in Italien leben«, erzählte eine Frau aus New Hampshire mir einmal. »Ich spreche Italienisch und studiere sehr gerne, aber nach einem MBA in Wirtschaftswissenschaften hatte ich das Gefühl, dass ich in die Vereinigten Staaten zurückkehren sollte. Doch ich war nicht froh mit dieser Entscheidung.

Dann veranstaltete ich Ideenpartys und brainstormte, um nach Möglichkeiten zu suchen, etwas zu tun, das mich begeistert. Ich lernte großartige Leute dabei kennen und bekam fantastische Ratschläge. Mittlerweile entwickle ich ein Programm, das jungen italienischen Frauen helfen soll, ein eigenes Unternehmen zu gründen. Auf diese Weise kann ich jeweils ein halbes Jahr in Italien sein!«

An einem Projekt dranbleiben

Um an einem Projekt dranzubleiben, brauchen Sie weder eine positive Haltung noch müssen Sie an sich selbst glauben. Sie benötigen vielmehr eine äußere Struktur – jemanden, dem Sie regelmäßig über den Stand der Dinge Bericht erstatten. Zudem sollten Sie sich in gewisser Weise dazu verpflichten, etwas zu tun – Sie brauchen also jemanden, der erwartet, dass Sie liefern. Es wäre Ihnen ja sonst peinlich, dem nicht nachzukommen.

Erfolg tut gut

Selbst kleine Erfolge tun uns gut. Erfolg ist sexy. Er schenkt uns eine energievolle, lockere und optimistische Ausstrahlung und verleiht uns eine große Begeisterungsfähigkeit sowie eine warmherzige Präsenz, von der andere Menschen sich unwiderstehlich angezogen fühlen.

Von meinem TRAUM kann man nicht leben

Wer sagt denn, dass Sie davon leben sollen? Nicht alles, was Sie begeistert, muss Geld einbringen. Nicht aus allem müssen Sie einen Beruf machen. Einige der besten Lebensentwürfe werden von Menschen gelebt, die in ihrer Freizeit das tun, was sie mit Freude erfüllt.

»Wenn ich für meine Kunstwerke etwas verlangen würde, hätte ich das Gefühl, mich nach den Wünschen meiner Kunden richten zu müssen«, erzählte mir eine Workshop-Teilnehmerin. »Ab diesem Zeitpunkt wäre ich keine Künstlerin mehr, sondern eine Technikerin, und das würde mir den Spaß an der Arbeit verderben.«

Verdienen Sie sich Ihren Lebensunterhalt auf eine Weise, die Ihnen nicht zu viel abverlangt oder zu viel von Ihrer Zeit raubt. Lassen Sie dies dann hinter sich und widmen Sie sich mit ganzem Herzen der Tätigkeit, die Ihnen Spaß macht. Ihre Ergebnisse werden großartig sein!

Nach Alternativen suchen

Eine Frau, die sehr gerne unterrichtete, war angesichts der Situation an Schulen desillusioniert. »Ein so großer Teil besteht aus Verwaltungsarbeit, man muss an so vielen Besprechungen teilnehmen. Es gefiel mir überhaupt nicht«, berichtete sie mir. Also begann sie nebenbei in einem Gemeindezentrum Vorträge über ihre Lieblingsthemen zu halten. Die Vorträge kamen ziemlich gut an, allerdings verdiente sie damit kein Geld.

Zumindest nicht am Anfang. Nach einer Weile zeichnete sie ihre Vorträge auf und bot auch Workshops an. Das Gemeindezentrum bewarb ihre Vorträge im Newsletter, woraufhin sie noch stärker nachgefragt wurden. Daraufhin entwickelte sie verschiedene Programme, und über eins davon schrieb sie ein Buch. Das Buch förderte ihr Renommee und ihren Bekanntheitsgrad, sodass sie beginnen konnte, für ihre Vorträge ein ordentliches Honorar zu verlangen.

»Als Vortragsrednerin arbeite ich nun für mich selbst und vermittle den Teilnehmern die Dinge, die ich gerne unterrichte, und die Bezahlung ist mittlerweile auch in Ordnung!«

Eine eigene **Realität** erschaffen?

Ganz ehrlich, ich weiß nicht einmal, was das bedeuten soll. Die Realität ist, dass ich auf einer Couch in meiner Wohnung sitze und es so aussieht, als würde es draußen gleich anfangen zu regnen. Dafür bin ich nicht verantwortlich und ich bezweifle, dass ich in der Lage wäre, etwas daran zu ändern, abgesehen davon, dass ich vielleicht aufstehen und mich woanders hinsetzen könnte.

Doch das kann mit der Frage nicht gemeint sein. Vielleicht zielt es darauf ab, dass die Dinge lediglich auf eine Weise existieren, wie wir sie empfinden. Wenn wir eine Prüfung nicht bestanden haben, können wir demnach am Boden zerstört sein oder es leichtnehmen und versuchen, dem Ganzen etwas Positives abzugewinnen.

Das scheint mir plausibler zu sein, allerdings nicht viel. Die Leute denken wohl, das Geheimnis für ein gutes Leben bestehe darin, es als gutes Leben zu sehen. Folglich sollte man eine positive, fröhliche Haltung gegenüber dem Leben entwickeln.

Ich weiß nicht, woher dieses Denken stammt, aber es gefällt mir nicht. Zum einen glaube ich nicht, dass man so tun sollte, als hätte man eine solche Macht. Und zum anderen sollte man mit seinen Gefühlen nicht so umspringen. Angesichts von Fakten und Gefühlen erkennen wir, wie unsere Realität aussieht. Wir sollten nicht immer wieder versuchen, sie so zu sehen, wie wir sie sehen wollen.

Wenn Wissenschaftler und Entdecker beschließen würden, ihre Arbeit so zu sehen, wie sie es gerne hätten, bekämen wir ein großes Problem. Die Suche nach der Realität ist ein ehrliches Unterfangen. Nur kleine Kinder denken, sie könnten die Realität verändern.

Doch Sie sind mittlerweile erwachsen und haben bestimmte Dinge zu tun. Die Realität ist, wie sie ist. Wenn Sie eine Brücke betrachten, die über einen Fluss in einer Schlucht führt, sollten Sie weise entscheiden, ob es sicher oder gefährlich erscheint, sie zu überqueren. Und vergessen Sie, was Sie sehen *wollen*.

Sie haben keine magischen Kräfte. Sie sind jetzt erwachsen. Es ist gut, aufmerksam zu sein.

EINZIGARTIG SEIN

Es ist eine schöne Vorstellung, die Ratschläge von Motivationstrainern zu beherzigen, doch wir sollten uns stets die geistige Freiheit bewahren, ihre Thesen zu hinterfragen.

Wenn wir annehmen, dasselbe Programm würde bei uns allen funktionieren, ist das so, als würden wir einem Tiger Hafer füttern und einem Pferd Vogelfutter.

Können Sie etwas unterrichten?

Welche Arbeit ist für Sie geeignet? Vor Kurzem habe ich diese Nachricht bekommen: »Ich komme immer wieder auf das Unterrichten zurück. Ich habe Erwachsene und Kinder unterrichtet, privat und an Instituten des höheren Bildungswegs, in öffentlichen Einrichtungen sowie von zu Hause aus. Ich habe Klavierstunden und Vorschulunterricht gegeben, Kurse in kreativem Schreiben und Aufsatzschreiben geleitet sowie Drehbuchseminare gehalten und als Kreativitätscoach gearbeitet. Wenn man vielfältige Begabungen hat und alles Mögliche beherrscht, vom Kochen, über Sprachen bis hin zu künstlerischen und technischen Fertigkeiten, sollte man eine Möglichkeit finden, um zu unterrichten!«

Diese Haltung gefällt mir. Gibt es etwas, das Sie unterrichten könnten?

Und wenn Sie sich für etwas Geeignetes entschieden haben, wie suchen Sie dann nach einem Ort, an dem Sie unterrichten können? Veranstalten Sie eine Ideenparty! Sogar mehr als eine, falls nötig. Ihre Suche wird erfolgreich sein, wenn Sie genügend Teilnehmer einladen, die Sie unterstützen.

Verbotene Gefühle

Manchmal sind Sie blockiert, weil Ihnen etwas insgeheim verboten erscheint. Doch wer hat es Ihnen untersagt? In vielen Fällen haben Sie sich das Verbot vor langer Zeit selbst auferlegt, sodass Sie sich nicht mehr daran erinnern. Wenn Sie zum Beispiel eine unglückliche Mutter hatten, haben Sie es sich möglicherweise verboten, in ihrer Gegenwart fröhlich zu sein, weil Sie befürchteten, sie würde sich dadurch vielleicht noch schlechter fühlen.

Immer wenn Sie sich nun glücklich fühlen, stellt sich deshalb nach wie vor ein gewisses Schuldgefühl ein, so als ob Sie etwas falsch machen würden.

Glücklich zu sein ist häufig ein verbotenes Gefühl.

Der Irrglaube, einen Verlust schnell überwinden zu müssen

Ein großer Verlust in unserem Leben hat eine einschneidende Wirkung auf uns. Dazu gehört natürlich der Tod eines geliebten Menschen, aber auch das Ende einer Beziehung oder eines Jobs und sogar ein Umzug an einen anderen Ort. Studien zeigen, dass all diese Veränderungen zu einer Form von Depression führen können und wir Zeit brauchen, um uns davon zu erholen.

Doch wir erwarten von uns selbst, dass wir uns sehr schnell von so einem Ereignis erholen. Und das tun auch die Menschen in unserem Umfeld. So sollen wir nach dem Verlust eines geliebten Menschen innerhalb von ein paar Monaten wieder motiviert und kreativ sein und so funktionieren wie zuvor, obwohl ein solcher Heilungsprozess in der Regel mindestens zwei Jahre dauert.

Emotionale Wunden verheilen ebenso langsam wie körperliche Verletzungen. Wenn wir uns ein Bein gebrochen hätten, würde kein verantwortungsvoller Arzt uns raten, es vorzeitig zu stark zu belasten. Wir würden uns sonst höchstwahrscheinlich dauerhaft schaden.

Zunächst sollten wir uns eingestehen, dass es normal und gesund ist, nach einem Verlust deprimiert zu sein. Darüber hinaus sollten wir uns bewusst machen, dass es normal ist, uns ausreichend Zeit zu nehmen und auf unsere Gefühle hören. So werden wir erkennen, wann es an der Zeit ist, wieder aktiv zu werden. Wer diese beiden Dinge beherzigt, wird viel schneller wieder auf die Beine kommen.

Der innere
WIDERSTAND
und seine Masken

Wenn Sie etwas ablehnen, worum jemand Sie bittet, dann haben Sie ein schlechtes Gewissen oder auch nicht, aber in der Regel ist Ihnen bewusst, dass Sie sich weigern, es zu tun.

Falls Sie sich innerlich jedoch gegen etwas wehren, das Sie eigentlich gerne tun würden, haben Sie nicht das Gefühl, sich zu weigern. Vielmehr sind Sie davon überzeugt, konkreten Zwängen unterworfen zu sein (ich muss unbedingt den Schrank aufräumen, ich habe vergessen, den Hund zu baden, ich fühle mich plötzlich extrem müde), oder es ist Ihnen vollkommen schleierhaft, warum es Ihnen nicht gelingt, Ihr eigentliches Vorhaben umzusetzen.

Das liegt daran, dass der innere Widerstand darauf spezialisiert ist, sich zu tarnen.

Wenn Sie sich das nächste Mal daran hindern, etwas zu tun, wonach Sie sich eigentlich sehnen – etwa ein Kapitel Ihres Buches zu schreiben oder zum Schwimmen zu gehen –, sollten Sie sich auf die Suche nach getarnten inneren Widerständen machen.

Unmögliches von uns SELBST erwarten

Das tun wir in Bezug auf die Zeit – denn wir meinen, wir könnten zehn verschiedene Dinge innerhalb eines knappen Zeitraums erledigen, obwohl wir uns schon glücklich schätzen könnten, würden wir nur zwei schaffen. Überdies haben wir zu hohe Erwartungen an uns selbst: Wir wollen gut aussehen, unsere Finanzen im Griff haben, uns unserem spirituellen Leben widmen, unsere Freunde besuchen, Zeit für unsere Familie und unsere eigene Kreativität finden ... soll ich noch weitere Dinge aufzählen oder kommt Ihnen diese Liste bereits allzu bekannt vor?

Woher rührt unsere Vorstellung, dass wir so viel auf die Reihe bekommen sollten? Haben unsere Urgroßeltern etwa genauso viel von sich selbst erwartet?

Um es noch konkreter zu machen: Wann haben wir beschlossen, dass es möglich ist, an jedem Tag unseres Lebens die Arbeit von zehn Menschen zu erledigen? (Habe ich eigentlich schon Tätigkeiten wie die allmorgendliche Schreibeinheit oder das tägliche Lesepensum oder die ehrenamtliche Mitarbeit an der Schule unserer Kinder erwähnt?)

Zu viele von uns haben eine To-do-Liste, die für eine ganze Gruppe von Menschen zusammengestellt wurde – von perfekten Menschen. Wie wäre es, wenn wir wieder auf den Boden der Realität zurückkämen, das täten, wozu wir gut in der Lage sind, möglichst Spaß dabei hätten und uns selbst viel weniger abverlangten?

Gestalten Sie jeden Tag so, dass er lebenswert ist, und tun

Sie dies möglichst auf eine liebevolle, einfache Weise, die Ihnen erstrebenswert scheint.

Schnell die LUST an etwas verlieren

»Ich finde viele Dinge anfangs interessant, habe aber sehr schnell genug davon. Ich weiß nicht, was ich tun soll!«

Ist das auch Ihr Problem? Nun, vielleicht ist es ja gar keines. Möglicherweise sind Sie jemand, der etwas nicht öfter als ein paar Mal wiederholen sollte. Vielleicht sind Sie eine Erfinderin. Wenn man Dinge immer wieder tut, erfindet man nichts Neues, sondern erhält etwas bereits Vorhandenes aufrecht. Vielleicht sind Sie jemand, der gerne Neues lernt. Doch sobald Sie etwas beherrschen, möchten Sie sich auf etwas anderes ausrichten – es begeistert Sie, etwas zu lernen, etwas Neues zu entwickeln und zu gestalten, es anderen zu vermitteln, anstatt Dinge zu wiederholen.

Diese Hinweise zeigen, dass Sie auf eine bestimmte Weise gestrickt sind, aber kein persönliches Problem haben. Ich erinnere mich in diesem Zusammenhang an eine Geschichte über einen kleinen Jungen. Er hatte großen Spaß daran, jedes Instrument im Schulorchester spielen zu lernen, aber er blieb bei keinem davon lange genug dabei, um es wirklich gut zu beherrschen. Sein Lehrer hielt ihn für einen Versager und nahm ihn nicht ins Orchester auf.

Hätte er doch jemanden gekannt, der mehr von Musik verstand, denn alle Profimusiker, mit denen ich sprach, sagten das Gleiche zu mir: »Er ist ein Dirigent. Oder ein Komponist. Er muss etwas über jedes Instrument wissen, aber er muss keins davon sehr gut beherrschen.«

Ich hoffe, diese Geschichte war komplett erfunden. Aber falls Sie sich Gedanken darüber machen, warum Sie schnell das Interesse an etwas verlieren, könnten Sie ebenso falschliegen wie der Lehrer aus dieser Geschichte und deshalb frustriert sein. Achten Sie darauf, worauf Ihr Geist Lust hat. Entscheiden Sie nicht im Vorhinein, was Sie tun sollten! Möglicherweise entdecken Sie völlig neue und spannende Dinge.

Sie dürfen TRÄUMEN

Viele Menschen sind sich nicht bewusst darüber, dass es in Ordnung ist zu tun, was uns begeistert. So ging es auch Angie. Sie konnte sich ihren Traum – mit Tigern im Zoo zu arbeiten – nicht beherzt eingestehen, weil er ihr absolut lächerlich erschien.

Sie war sich nicht einmal sicher, ob es tatsächlich ihr Traum war, da sie keinen einzigen Schritt gemacht hatte, um ihn umzusetzen. »Vielleicht hat mir lediglich ein Film darüber gefallen oder es gibt einen anderen ähnlich albernen Grund dafür«, überlegte sie. Dabei hatte sie vergessen, den ersten Schritt zu tun: sich selbst das Recht zum Träumen einzuräumen. Sie gestand sich nicht einmal zu, sich ihren geheimen Wunsch in der Vorstellung auszumalen, da er ihr so weit hergeholt erschien.

Doch man kann nichts erreichen, wenn man nicht zumindest bereit ist, *so zu tun*, als ob.

Ich riet Angie, sich einen Fantasieplan für die nächsten fünf Jahre auszudenken: Welche Schritte würde sie unternehmen, damit ihr Traum sich innerhalb von fünf Jahren verwirklichen würde? Als sie sich Notizen zu den einzelnen Schritten machte, Informationen sammelte, im Internet recherchierte und sich auf eine Mailingliste von Leuten setzen ließ, die sich mit der Betreuung von Tigern auskannten, wurde ihr klar, dass sie versuchen sollte, ihren Traum Realität werden zu lassen, anstatt Jahre damit zu verbringen, nach etwas zu suchen, was sie nicht wollte.

PASSION

Allzu häufig werden wir dazu angehalten, nach unserer Passion zu suchen, und es ist kein Wunder, wenn wir sie nicht finden. Eine Passion setzt eine Intensität voraus, die nur wenige von uns haben oder brauchen. Wir sollten uns einfach auf die Suche danach machen, was wir gerne tun, und beobachten, wohin uns das führt.

Manchmal macht uns etwas sehr großen Spaß. Das ist ein wertvoller Hinweis. Wir sind sehr komplexe Wesen und wissen eigentlich nicht genau, wer wir sind oder welche Begabungen wir haben. Daher sollten wir danach forschen.

Ist es egoistisch zu tun, was uns begeistert?

Manchmal wirkt es so und wir stellen uns die Frage: Handeln wir wie ein verwöhntes Kind, wenn wir eine Arbeit für einen wunderschönen Spaziergang unterbrechen? Sicherlich ist Ihnen klar, warum das nicht stimmt. Aber manchmal haben Sie bestimmt das Gefühl, Sie hätten kein Recht darauf, Ihren eigenen Interessen nachzugehen, beispielsweise etwas zu lernen, das Ihnen gefällt, aber nicht unbedingt nützlich ist.

Doch das ist vollkommen falsch. Wenn Sie nicht danach suchen, was Sie begeistert, und dies nicht so oft tun, wie Sie können, enthalten Sie der Welt Ihre eigene besondere Perspektive vor, Ihre speziellen Talente. All die wertvollen Errungenschaften auf der Welt basieren auf Dingen, die den Leuten Spaß gemacht haben.

SCHWÄCHEN

Zu viele von uns verbringen Zeit damit, sich die eigenen Defizite vor Augen zu führen, als würde uns das helfen, sie zu überwinden und eines Tages gut genug zu sein, um nach den eigenen Träumen zu streben. In Wahrheit schützt uns eine solche Denkweise lediglich vor der Angst zu tun, was uns begeistert. Ich habe mich einmal mit einer Workshop-Teilnehmerin unterhalten, die älteren Menschen in verschiedenen Kursen, die sie in Gemeindezentren durchführte, sehr erfolgreich die Angst vor Computern nehmen konnte. Alle waren begeistert von ihr und ermutigten sie, dies beruflich zu machen.

Doch sie sprach lediglich darüber, warum sie nicht qualifiziert genug dafür sei.

»Was Computer betrifft, bin ich selbst eine Amateurin«, sagte sie. »Ich bin kein Freak. Ich kann nicht programmieren«, und so weiter und so fort.

Ich hoffe, jemand konnte sie umstimmen, denn dann würde sie mittlerweile ganz ordentlich verdienen und vielen älteren Menschen einen entspannten Umgang mit Computern vermitteln, denen diese Welt sonst verschlossen bliebe.

Denken Sie wie diese Frau? Und falls ja, was müsste geschehen, damit Sie Ihre Meinung ändern?

EXPERTEN

In der Regel gehen wir davon aus, dass Experten sich auf ihrem Gebiet stets gut auskennen.

In Wirklichkeit machen auch Experten Fehler, sie sind vergesslich und gedanklich nicht bei der Sache. Wenn es um Sie selbst geht, sind Sie wahrscheinlich ein Experte.

Betrachten wir nur einmal ein paar Expertenmeinungen: Es hieß, die Kontinente wären nie miteinander verbunden gewesen, Tiere hätten keine Gefühle und es sei gut für den Rücken, Sit-ups zu machen. Man empfahl uns, sehr harte Zahnbürsten zu verwenden und viel Fleisch zu essen.

Es ist in Ordnung, die Meinung von Experten zu einem Thema einzuholen, aber man sollte sie nicht als unantastbare Wahrheit betrachten: Das letzte Wort ist meistens noch nicht gesprochen.

Typische Alles-oder-nichts-Gedanken

»Wenn ich nicht reich und berühmt bin, werde ich arm sein – und ein Versager!«

Sind das tatsächlich die einzigen Möglichkeiten? Wie wäre es, die besten Filme zu machen, die besten Bilder zu malen, die besten Marketingpläne zu erstellen, zu denen wir in der Lage sind, und dafür von den Menschen bewundert zu werden, die wir bewundern? Wie wäre es, nur so viel Geld zu verdienen, um finanziell abgesichert zu sein?

Das ist nicht alles, und das ist nicht nichts. Aber es ist ziemlich gut und ein schöner Weg, das eigene Leben zu gestalten.

Ihre **PLÄNE** sollten so gut zu Ihnen passen wie ein maßgeschneiderter Anzug

Natürlich mussten Sie eine Reihe von Regeln befolgen, um bis hierher zu gelangen. So empfiehlt es sich zum Beispiel, die Miete zu bezahlen oder nach rechts und links zu schauen, bevor man eine Straße überquert. Doch wenn Sie Ihre Träume umsetzen, werden Sie neues, unerforschtes Terrain betreten, wo neue Regeln gelten.

Es bringt nichts, die alten Regeln mitzunehmen, da sie wahrscheinlich nicht greifen werden. Die üblichen Durchhalteparolen wie »Wer aufgibt, hat schon verloren«, waren vielleicht beim Teamsport in der Schule recht nützlich, aber jetzt helfen sie Ihnen nicht weiter.

Als ich mich auf die Suche danach machte, was ich wirklich gerne tue, versuchte ich alle Regeln zu befolgen, um positiv gestimmt zu sein, mich auf meine Fähigkeiten zu konzentrieren, meine Willenskraft zu stärken etc. und verwarf dann eine Empfehlung nach der anderen, weil sie für mich einfach nicht passten. Bei der Verwirklichung unserer Träume müssen wir eine Reihe neuer Regeln entwickeln – Regeln, die für uns funktionieren.

Ich gebe Ihnen einen guten Tipp, wie Sie feststellen, ob eine Regel für Sie stimmig ist. Stellen Sie sich vor, Sie tun, was Sie begeistert – versetzen Sie sich gedanklich intensiv in die Situation hinein –, und formulieren Sie für sich dann innerlich die jeweilige Regel. Erscheint sie Ihnen sinnvoll?

Hilft sie Ihnen, Ihr Bestes zu geben oder klingt sie irgendwie seltsam?

Falls Sie gerne reiten würden, prüfen Sie, welche der folgenden beiden Aussagen stimmiger für Sie ist: »Wer aufgibt, hat schon verloren« oder »Konzentriere dich auf den gegenwärtigen Moment«.

Ungewöhnliche Bereiche

Ich wusste nicht, dass es ein Studienfach namens »Bauwissenschaften« gibt. Wussten Sie es? Ich erfuhr von einer Frau davon, die Beraterin auf dem Gebiet der Gebäuderenovierung ist und diese Position bekam, weil sie Bauwissenschaften studiert hatte.

Es macht sich bezahlt, mit vielen Menschen zu sprechen. Befragen Sie andere zu ihren Berufen. Vielleicht kennt sich jemand in einem Bereich aus, in dem Sie gerne tätig wären.

ZU SEHR DAMIT BESCHÄFTIGT, ANDEREN ZU HELFEN

Generell ist es sehr positiv, anderen Menschen zu helfen, sofern es Ihnen nicht zu viel Zeit für Ihre eigenen Projekte raubt. Sie sollten erkennen, wann Sie aufhören sollten, jemanden zu unterstützen, der kaum zufriedenzustellen ist. Wie gelingt Ihnen das? Schalten Sie einfach vom »Hilfemodus« auf den »Respektmodus« um. Wenn der andere Ihnen ein Problem schildert, sollten Sie ihn anteilnehmend ansehen und ihm dann die Frage stellen: »Also so was – und was wirst du diesbezüglich unternehmen?«

In der Regel wird Ihr Gesprächspartner überrascht reagieren, weil Ihr Verhalten nicht dem Muster entspricht, das er kennt. Es macht übrigens Spaß, das zu beobachten. Doch manchmal wird der andere entgegnen: »Ich weiß es nicht. Deshalb frage ich dich ja.« Und Sie brauchen eine Antwort. Hier ist sie:

»Wenn jemand, der so clever ist wie du, keine Lösung weiß, woher sollte ich dann wissen, was am besten zu tun ist? Du bist klug, und ich bin sicher, dir wird etwas einfallen!« Gehen Sie dann rasch fort, damit Sie sich nicht in dem Versuch verstricken, dem anderen zu beweisen, wie clever er ist.

Lassen Sie den vergangenen **TAG** jede Nacht Revue passieren

Wie war Ihr heutiger Tag? Machen Sie sich bewusst, was Ihnen gut gelungen ist, damit das Erreichte Ihnen nicht entgeht und im Nebel all der anderen Dinge in Ihrem Kopf versinkt.

Wenn ein Pferd ein Rennen gewinnt, erinnert man sich sehr lange daran. Wenn wir eins gewinnen, ist es bis zum Mittagessen bereits wieder in Vergessenheit geraten. Das sollten wir ändern, da wir jeden Tag viele Rennen gewinnen. Dies nicht ins Bewusstsein zu rufen ist so, als würden wir unser Kleingeld in den Papierkorb werfen, wenn wir abends unsere Taschen ausleeren. Wir sollten uns an das Erreichte erinnern, damit all unsere Erfolge und Errungenschaften auf die Bank kommen und uns ein Gefühl des Reichtums vermitteln.

Und wenn wir in verschiedenen Bereichen etwas besser machen sollten? Wenn wir unseren Tag Revue passieren lassen, werden wir hier und da unzufrieden mit unseren Leistungen sein. Sollten wir uns dann nicht vornehmen, »uns zu verbessern«? *Definitiv nicht.* Wir sollten diese Dinge loslassen. Wir verändern uns automatisch, indem wir sie uns bewusst machen.

Eine Aufgabe vermeiden

Dies ist ein verbreitetes Problem. Wir sollten eine Aufgabe erledigen, drücken uns aber, indem wir stattdessen einen Film ansehen. Wir alle tun das. Es ist nicht leicht, ganz damit aufzuhören, aber es gibt einen Weg, der häufig funktioniert:

Setzen Sie sich einen Termin für Ihr Lieblingsvermeidungsverhalten.

Legen Sie Ihre Arbeit auf einem Tisch bereit oder öffnen Sie die zu bearbeitende Datei auf Ihrem Computerbildschirm, damit Sie ungehindert loslegen können. Sehen Sie dann auf die Uhr und geben Sie sich eine Stunde Zeit, um daran zu arbeiten. Es ist übrigens ganz nett, wenn am Ende der Stunde ein Wecker klingelt. Wenn die Zeit vorbei ist, beenden Sie Ihre Aufgabe, lehnen sich entspannt zurück und sehen sich den Film an.

Wenn Sie für die Arbeit mehr als eine Stunde Zeit brauchen, ist es eine gute Idee, sie nach einer Stunde zu unterbrechen, den Film nur 20 Minuten lang anzusehen und sich dann wieder der Aufgabe zu widmen. Sie werden überrascht sein, wie schnell die Zeit verfliegen kann, wenn Sie sich auf die nächste angenehme Belohnung freuen, mit der Sie Ihre Aufgabe eine Weile lang vermeiden können.

Angst ist eine Überlebensstrategie – und die Ursache für jeglichen inneren Widerstand

Jede Spezies, die bis heute überlebt hat, war dazu in der Lage, weil ihre Mitglieder Angst vor allem hatten, was gefährlich war (sowie vor vielen Dingen, die ungefährlich waren). Wir selbst stammen von einer solchen Spezies ab.

Jedes Mal, wenn Sie etwas Angst empfinden, wird eine kleine Dosis Adrenalin freigesetzt, sodass Ihr innerer Widerstand aktiviert wird und warnend ruft: »Tu das nicht!«

Das ist angesichts einer Gefahr gut und schön. Aber was ist, wenn Sie sich lediglich für ein Seminar für Filmemacher anmelden möchten? Wenn Sie alles vermeiden, was Ihnen ein bisschen Angst macht, sind Sie übervorsichtig und führen ein sehr eingeschränktes Leben.

Die Lösung besteht darin, das Gefährdungspotenzial zu vermindern. Es gibt Wege, das alleine zu schaffen, aber wenn Sie einen anderen Menschen für Ihr Projekt mit ins Boot holen, wird es mit Sicherheit weniger bedrohlich wirken.

BLOCKADEN
ANGESICHTS EINES GROSSEN PROJEKTS

Falls Sie einen Keller oder eine Garage ausräumen wollen, sich aber schon lange davor drücken, sollten Sie eine Arbeitsparty organisieren. Versprechen Sie Ihren Helfern ein großartiges Abendessen mit gebratenem Hähnchen als Belohnung. Das funktioniert immer.

Sie werden feststellen, dass die Arbeit wie von Zauberhand erledigt wird. Überdies haben Sie einen sehr spaßigen Event ins Leben gerufen, ja fast eine Party (inklusive Brathähnchen).

Ich habe diese Idee von meinen Nachbarn auf dem Land übernommen, die Milchbauern sind. Sie mussten einmal eine große Maschine in ihre Scheune verfrachten und dafür zunächst eine Wand einreißen. Es waren extrem große Anstrengungen erforderlich, um die Aufgabe zu bewerkstelligen, aber gemeinsam mit zehn Helfern wurde das Ganze an einem Nachmittag erledigt, und alle waren sehr zufrieden.

Die Helfer wissen, dass sie die gleiche Unterstützung bekommen werden, wenn eine Aufgabe für sie alleine zu groß sein sollte. Daher profitieren alle davon. Eine großartige Methode, die man für viele größere Projekte nutzen kann.

Loben heißt MUT machen

Einige unserer Eltern und Lehrer haben das folgende Prinzip nicht verstanden: Lob schenkt uns Mut. Kritik verunsichert uns. Möglicherweise braucht jemand Unterstützung, damit ihm etwas gelingt, aber es ist ein großer Fehler, ihm keine Anerkennung entgegenzubringen. Wenn wir jemandem helfen wollen, stark zu sein, sollten wir nach Dingen suchen, auf die er stolz sein kann, und dies ihm gegenüber lobend erwähnen.

Perfektionismus

Perfektionismus ist eine Form von innerem Widerstand, der Sie davon abhält, aktiv zu werden. So denken Sie vielleicht: »Warum sollte ich irgendetwas tun, wenn es ohnehin nicht perfekt sein wird?« Der Perfektionismus fördert zudem ein Gefühl der Überlegenheit anderen gegenüber und lässt Sie denken: »Das könnte ich besser. Die Qualität der Arbeit dieses Menschen ist schlechter als meine. Ich würde mein Werk keinesfalls präsentieren, wenn es nicht besser wäre, als das, was er abliefert.«

ERFOLG

Manchmal bringt Erfolg soziale Gefahren mit sich. Auf dem Boden zu bleiben ist sicherer und bietet eine größere Anonymität. Gelegentlich muss man angesichts des eigenen Erfolgs wie alle anderen darüber jammern, wie hart das Leben ist, wenn man als guter Mensch gesehen werden und zu einer Gruppe dazugehören will, wie das Beispiel eines Bekannten von mir zeigt. Er hatte seinen langweiligen Job gekündigt, um sein eigenes Geschäft aufzubauen. Solange er sich durchkämpfen musste und alles schwierig war, brachten seine alten Freunde ihm große Anteilnahme entgegen. Doch sobald er Erfolg hatte, gingen sie auf Distanz.

Nehmen Sie Ihr Leben wieder in die Hand – vergessen Sie, was andere denken

Häufig stellen wir aus Angst davor, was andere über uns denken könnten, unsere Träume zurück. Wenn wir als Heranwachsende der Kritik von anderen ausgesetzt waren, haben wir gelernt, sehr vorsichtig zu sein, um nicht herauszustechen oder Aufmerksamkeit auf uns zu ziehen. Aber denken Sie einmal darüber nach: Was könnte schlimmstenfalls passieren? Dass andere Menschen Sie für dumm halten? Den Versuch ist es wert, das verspreche ich Ihnen. Wenn andere Ihre Bemühungen belächeln, lächeln Sie einfach zurück.

Was kann bestenfalls passieren? Denken Sie an jemanden, der danach strebt, was ihn begeistert, egal was andere davon halten. Es ist wunderbar, eine solche Begeisterung wahrzunehmen. Sobald Sie sich auf Ihre Sache konzentrieren, anstatt darauf, was andere denken könnten, werden Sie dieselbe Freude erleben und nie mehr umkehren wollen. Überdies könnte es sein, dass die Unkenrufer Sie um Rat fragen, wie sie ihre eigenen Träume verwirklichen können.

Wir alle können etwas von der Person lernen, die mir den folgenden Brief geschrieben hat:

»Heute, an meinem 54. Geburtstag, habe ich beschlossen, im kommenden Jahr zu ergründen, wie ich mein Leben so gestalten kann, dass es tatsächlich meinen Wünschen entspricht. Ich werde mich jeden Tag daran erinnern, das zu tun, was mir wichtig ist, egal was andere denken mögen. Und es vor allem zu tun, egal was andere Menschen *meiner Meinung nach* denken werden.«

Möchten Sie ein INSIDER sein?

Falls Sie ein Outsider sind und gerne ein Insider werden möchten, habe ich ein schönes Beispiel für Sie.

Eine junge Physikstudentin wollte gerne zu einer Organisation von Amateuren dazugehören, die sich über Raumfahrtthemen austauschten. »Ich habe allerdings noch keine besonderen Kenntnisse auf diesem Gebiet. Trotzdem hätte ich gerne Kontakt mit Menschen, die viel mehr wissen als ich!«

Wie sich herausstellte, hatte sie bereits als Hobbyjournalistin für die Universitätszeitung gearbeitet. »Wie wäre es, wenn Sie zur Info-Schnittstelle für all die Leute werden, die sich untereinander austauschen möchten? Sie könnten als Journalistin in diesem Spezialbereich arbeiten.«

Es funktionierte!

»Mittlerweile schreibe ich Artikel für die Zeitschrift ›Scientific American‹ – oder für meinen Blog oder meine Facebook-Seite. Ich führe Interviews, die ich dann poste.«

Schon bald wird sie Kontakte zu allen möglichen Leuten haben, mit ihnen sprechen, Artikel schreiben und an Meetings teilnehmen. Sie weiß ein bisschen über alles Bescheid und gibt es an alle weiter.

»Ich bin die Generalistin, mit der all die Spezialisten gerne sprechen möchten«, erklärte sie mir lächelnd. »Das ist großartig!«

DER EIGENEN
INTUITION
VERTRAUEN

Ich mache gerne Pläne, obwohl diese sich meiner Meinung nach nur selten auf die Realität übertragen lassen. Aber Pläne unterstützen uns dabei, vom Sessel hochzukommen und ein paar Schritte zu unternehmen. Und sobald wir das tun, kommen Dinge in Bewegung, die sonst nicht passieren würden.

Doch es spricht viel dafür, sich dabei auf die eigene Intuition zu verlassen.

Ich kenne einen Ingenieur, der eines Tages beschloss, keinen einzigen Tag mehr am Schreibtisch zu verbringen. Glücklicherweise wurde ihm ein Job auf einem Fischerboot im Pazifik angeboten. Dazu kam es, weil er bereits während seiner Schulzeit in einem Aquarium gearbeitet hatte. Er hatte nie gern Sport getrieben, und das Aquarium war der einzige Ort, an dem er sich stattdessen körperlich betätigen konnte.

Er machte seine Sache sehr gut und erwarb sich dadurch einen entsprechenden Ruf. Selbst Jahre später erinnerte man sich noch an ihn.

Er selbst hatte nichts von alldem geplant, doch da er so unzufrieden in seinem Beruf als Ingenieur war und die Arbeit auf dem Fischerboot ihm so stimmig erschien, folgte er seinem Bauchgefühl.

Eines Tages wurde er gebeten, Touristen bei einer Tour in die Antarktis zu begleiten. Er hatte zwar keine Erfahrung auf diesem Gebiet, aber die Idee gefiel ihm. Also eignete er sich innerhalb kurzer Zeit alle nötigen Kenntnisse dafür an. Zu der Zeit war er noch verheiratet. Allerdings wollte seine damalige Frau nicht mit jemandem verheiratet sein, der lange Monate auf Reisen ist.

Auf der Tour lernte er seine zweite Frau kennen. Auch ihre Geschichte ist interessant. Sie war stets davon ausgegangen, in einem bestimmten Alter zu heiraten, aber gleichzeitig liebte sie es zu reisen. Ihr wurde bewusst, dass ein zukünftiger Ehemann möglicherweise nicht so gerne auf Reisen wäre wie sie selbst. Also beschloss sie, ihren Reisehunger bereits vor der Ehe zu stillen.

Sie hatte nicht viel Geld, daher eignete sie sich verschiedene Fähigkeiten an, um als Sekretärin arbeiten zu können. Auf diese Weise war sie in der Lage, relativ problemlos Jobs zu finden. Sie arbeitete jeweils so lange, bis sie genug Geld für ihre nächste Reise gespart hatte. Dann kündigte sie und war so lange unterwegs, bis ihr Geld aufgebraucht war. Dann suchte sie sich wieder eine neue Arbeit.

So weit lief alles nach Plan.

Eines Tages fragte ihr Vater sie, ob sie ihn auf eine Reise in die Antarktis begleiten wolle. Sie war begeistert und nahm das Angebot gerne an. Gemeinsam buchten sie eine Reise, die mein Bekannter leitete.

Für die Frau und meinen Bekannten war es so ziemlich Liebe auf den ersten Blick. Beide hatten nun jemanden gefunden, der gerne reiste. Als ich das letzte Mal von ihnen hörte, hatten sie sich ein Segelboot gekauft, mit dem sie einmal im Jahr von Kalifornien nach Hawaii segeln.

Es wäre unmöglich gewesen, ein solches Leben zu planen. Aber beide achteten auf ihr Gefühl und beherzigten einen wichtigen Grundsatz: Wenn sich etwas stimmig anfühlt, sollte man danach streben. Wenn man kein gutes Gefühl dabei hat, sollte man es nicht weiterverfolgen. Auf diese Weise hört man auf sein Bauchgefühl.

Diese Strategie könnte auch für Sie die richtige sein.

FORMEN
DES WIDERSTANDS

Jeder Mensch hat seine eigene Art, sich daran zu hindern, das zu tun, wonach er sich sehnt. Manche von uns reden sich ihr Vorhaben selbst aus. Andere beschließen, den Keller aufzuräumen, nachdem sie sich zehn Jahre lang nicht darum gekümmert haben. Wir alle können auf unterschiedliche Weise vergessen, etwas zu tun, das unseren inneren Widerstand auf den Plan ruft.

Das Wichtigste in einer solchen Situation ist, nicht zu versuchen, unser Verhalten mit Willenskraft zu verändern. Wir sollten vielmehr herausfinden, woher der innere Widerstand kommt, welche Emotionen unserem Vermeidungsverhalten zugrunde liegen. Denn nur dann können wir etwas daran ändern. Zu dem Thema finden Sie viele hilfreiche Hinweise in diesem Buch. Lesen Sie weiter.

»Fangen SIE nichts an, was Sie nicht beenden werden«

Ich weiß nicht, wer das gesagt hat, jedenfalls ist diese Aussage völlig falsch, beinahe absurd. Woher soll man zu Beginn eines Projekts wissen, ob es ratsam sein wird, es zu beenden?

Und was noch schlimmer ist: Wenn man nichts anfängt, was man vielleicht nicht abschließen wird, dann beginnt man so viele wunderbare Dinge nicht. Nehmen wir an, Sie würden gerne Bäcker werden. Sie backen ein paar leckere Kuchen und beschließen dann, dass es reicht – wo ist das Problem? Sie haben leckere Kuchen gebacken, die ich gerne einmal probiert hätte.

Beherzigen Sie Folgendes: Investieren Sie kein Geld, unterschreiben Sie keine Verträge, geben Sie keine Versprechen ab, aber probieren Sie alles aus, was Sie interessiert und Ihnen Spaß macht. Es wird Ihnen helfen, ein schönes Leben zu führen.

Was bedeutet dieses Gefühl?

Es hat zwar eine Weile gedauert, doch irgendwann wurde mir klar (beziehungsweise, mir wurde erklärt), dass einem Gefühl ein anderes unerwartetes Gefühl zugrunde liegen kann. Selbstmitleid entpuppte sich zum Beispiel als Wut. Es bedeutet nichts anderes als: »Warum hilfst du mir nicht?« Ein Kind würde sagen: »Du bist böse!«

Und hinter der Wut verbirgt sich häufig emotionales Leid. In den meisten Fällen basiert die Wut auf Tränen. Ein Autor hat das folgendermaßen beschrieben: »Bei Wut geht es stets um dieselbe Frage. Sie lautet: Was ist mit mir?« Das ist faszinierend und klingt richtig.

Aufregung ist halb Freude und halb Angst. Wenn man begeistert und freudig loslegt, liegt es daran, dass sich die Freude in der Regel zuerst einstellt.

Jemand hat die romantische Liebe einmal als »einen Rettungswagen voller Musik« beschrieben. ☺

Eifersucht ist etwas sehr Seltsames. Es kann die einzige Erfahrung sein, die wir je mit wahrem Verrücktsein machen. Sie kann Wahnvorstellungen hervorrufen. Wir sind uns sicher, dass etwas wahr ist, bis wir herausfinden, dass das nicht stimmt. Im Nachhinein können wir nicht verstehen, warum wir zuvor überzeugt davon waren. Es ist schwer, dieses Phänomen zu erklären, wenn man keine anderen Erfahrungen mit solchen wahnhaften Vorstellungen hat.

Gefühle sind wichtig, und es ist immer eine gute Idee, sich mit ihnen vertraut zu machen.

Falsche Überzeugungen entlarven

Es gibt zwei Wege, denselben Sachverhalt zum Ausdruck zu bringen. Der erste lässt einen Traum unmöglich werden. Der zweite gibt uns die Chance herauszufinden, ob er möglich ist.

Angenommen, jemand macht uns einen guten Vorschlag, wie wir etwas umsetzen könnten, das uns Spaß macht, indem er zum Beispiel sagt: »Du kannst kostenlos die ganze Welt bereisen, wenn du als Trainer für ein internationales Unternehmen arbeitest.« Viele Menschen würden aus Gewohnheit darauf antworten: »Stimmt, aber ich wüsste nicht, wie ich einen solchen Job bekommen sollte.«

Selbst wenn man es nicht ausspricht, lautet die Schlussfolgerung: Also ist es unmöglich. Ende der Diskussion. Doch mit einer kleinen Veränderung kann man etwas Entscheidendes bewirken. Wir sollten die Annahme in eine Frage verwandeln und uns auf die Suche machen:

»Weiß jemand, wie ich einen solchen Job bekommen könnte?«

Richten Sie Ihre Frage auf diese Art und Weise an genügend Leute, dann werden Sie einige sehr gute Vorschläge bekommen.

Der innere Puritaner: Vom Zwang, SPASS zu haben

Wir erwarten so viel von uns selbst, dass es beinahe lustig ist. Vor einer Weile hat mir jemand Folgendes geschrieben: »Ich soll mich gesund ernähren, Sport treiben, hart arbeiten, meinen Eltern helfen und so viele andere Dinge tun, dass ich mich nicht dazu bringen kann zu malen, bevor die anderen Aufgaben erledigt sind. Aber ich weiß, dass ich mich selbst damit übergehe und mich dazu zwingen sollte, Spaß zu haben.«

Nein, Sie sollten sich nicht dazu zwingen, Spaß zu haben. Sie sollten etwas zwanglos und auf eine Ihnen angenehme Weise tun. Diese Person sollte ihre Staffelei an einem gut zugänglichen Ort aufstellen – eventuell in der Küche –, ihre Farben bereitlegen, und während das Essen vor sich hin köchelt, sollte sie zur Staffelei hinübergehen und etwas malen. Vielleicht nur für fünf Minuten.

Nicht alles muss ein anstrengendes Projekt werden. Es geht nicht darum, hart arbeitende kleine Wesen zu sein, die Wege finden müssen, um das Richtige zu tun. Wir können unser Leben genießen und trotzdem die Dinge tun, die wir tun sollten.

Ich bezeichne die oben beschriebene Haltung als unseren »Inneren Puritaner«. Sie werden überrascht sein, wo er überall auftaucht.

EINEN TRAUM AUFGEBEN

Manchmal versuchen wir, einen Traum zu vergessen, weil wir das Gefühl haben, er sei unmöglich. Doch wenn wir einmal Feuer und Flamme für etwas sind, können wir uns nichts vormachen. Wir können nicht selbst *bestimmen*, was uns begeistert, sondern diese Dinge lediglich *erkennen*.

Ein anderer Traum wird Sie nie zufriedenstellen (es sei denn, auch dieser begeistert Sie). Am besten graben Sie den Traum wieder aus, der Ihnen wirklich wichtig ist, und suchen sich eine Gruppe von Leuten – die Sie oder das Problem nicht allzu gut kennen. Und dann veranstalten Sie eine Ideenparty mit ihnen.

Erzählen Sie von Ihrem Wunsch sowie von den Hindernissen und hören Sie aufmerksam zu, was die anderen antworten. Wenn sie Ihnen Vorschläge machen, die Ihnen nicht hilfreich erscheinen, sollten Sie diese nicht gleich verwerfen. Sie können andere dazu ermutigen, sich weitere, noch bessere Ideen einfallen zu lassen, indem Sie die folgenden wichtigen Punkte beachten:

Zunächst sollten Sie sagen, was Ihnen an einer Idee gefällt. Vielleicht müssen Sie eine Weile darüber nachdenken, aber es ist sehr ratsam, sich darüber Gedanken zu machen.

Danach sollten Sie sich dem problematischeren Teil widmen, indem Sie zum Beispiel die Frage stellen »Wie bekommen wir diese Schwierigkeit in den Griff?« und das entsprechende Hindernis dann erläutern.

Wenn Sie so auf die Vorschläge der anderen reagieren, werden sie Ihnen immer bessere Ideen liefern.

DIE KRAFT
DER GLÜCKSGEFÜHLE

Das Glück ist keine Alles-oder-nichts-Option. Man braucht keine großen Lösungen für Probleme, um glücklich zu sein. Wenn wir unser Glücksniveau nur um ein oder zwei Punkte anheben, wird deutlich, was für einen Unterschied selbst kleine Verbesserungen bewirken.

Richten Sie Ihre Aufmerksamkeit auf die kleinen Dinge, die Sie glücklicher machen. Hören Sie zum Beispiel schöne Musik, während Sie auf etwas warten oder im Stau stehen, oder gehen Sie einer unangenehmen Person aus dem Weg.

Entscheidungen wie diese werden Sie Tag für Tag verändern. Sie werden sich zu einem Menschen entwickeln, der weiß, was er will, und Ihre Ziele ohne Angst vor Konflikten verfolgen.

Das Erwartungskarussell

Die meisten von uns machen sich nicht bewusst, dass wir etwas, das uns begeistert, absolut brillant beherrschen werden. Vielleicht haben wir uns mit etwas arrangiert, was uns keinen Spaß macht, was wir unter Umständen Jahr für Jahr teurer bezahlen müssen. Selbst ein Zugpferd kann nicht für unbegrenzte Zeit allzu schwere Lasten ziehen.

Es ist an der Zeit, aus dem Erwartungskarussell unseres sozialen Umfelds auszusteigen. Und was unseren Lebensstil betrifft – brauchen wir tatsächlich all die Dinge, die die Werbung uns aufdrängen will?

Hier noch ein Hinweis: Sieht jemand, der vollkommen in dem aufgeht, was er tut, etwa so aus, als würde er etwas vermissen? Natürlich nicht. Solche Menschen wirken überaus zufrieden. Auch Sie haben ein Recht darauf, etwas Erfüllendes zu tun. Und niemand außer Ihnen selbst weiß, wie Sie ein solch befriedigendes Gefühl erreichen.

Ich kann mir keine REISEN leisten

Vielleicht können Sie sich nach einem Job umsehen, bei dem Sie öfters auf Reisen sind. Ich kenne jemanden, der einen großen Teil der Organisation für einen bekannten Rockmusiker erledigt. Eine andere Person leitet Workshops für Unternehmen – auf der ganzen Welt. Und eine meiner Seminarteilnehmerinnen organisiert Auslandssemester für Studenten. Darüber hinaus kenne ich Menschen, die während ihrer Reisen online arbeiten.

Die Panik bei den Hörnern packen

Während Sie die Umsetzung Ihres Traums planen, werden Sie an irgendeinem Punkt einen Zustand erreichen, den ich als »kreative Panik« bezeichne. Diese Panik ist ganz normal und gut für Sie, aber sie ist nicht sehr angenehm. Aber keine Sorge, dieser Zustand wird bald vorüber sein.

Sie sollten alles schriftlich festhalten oder – was noch besser wäre – einer Gruppe von Freunden mitteilen, wie es Ihnen geht. Schimpfen und jammern Sie über alles, was Sie an Ihren eigenen Ideen (oder an den Vorschlägen von anderen) auszusetzen haben. Seien Sie ruhig quengelig und lassen Sie Ihre gesammelte Negativität raus. Nennen Sie all die Gründe, die Sie Ihrer Meinung nach daran hindern, das zu tun, was Ihnen Spaß macht.

Sie sollen dabei weder eine Liste von Problemen zusammenstellen noch versuchen, diese Probleme zu lösen. Sie sollten vielmehr einen Wutanfall haben und all Ihre irrationalen Ängste und Ihre Negativität hervorkommen lassen.

Warum sollten Sie das tun?

Weil es die beste Methode ist, um die Panik zu beenden. Je stärker Sie jammern, desto lustiger wird das Ganze. Und sobald es lustig wird, beginnt die Angst sich aufzulösen. Halten Sie Ihre Schimpftiraden daher fest, gestehen Sie sich all ihre Ängste ein und schwelgen Sie in Ihrer Negativität!

Schließlich gestalten Sie gerade ein neues Leben. Sie haben ein Recht darauf, Angst zu empfinden.

Selbstoptimierung

Viele Menschen sind offenbar der Meinung, es sei grundsätzlich positiv, sich selbst zu optimieren. Doch darüber sollten wir genauer nachdenken. Falls jemand sich selbst Schaden zufügt – egal ob auf eine physische oder psychische Weise –, dann sollte er definitiv versuchen, das zu ändern.

Aber die Vorstellung, sich ständig selbst zu optimieren, etwas zu verändern, damit man irgendwie »besser« wird, ist keineswegs immer richtig. Sie basiert auf der Annahme, dass etwas mit uns nicht stimmt. Vielleicht trifft das aber gar nicht zu. Und falls doch, na und? Schließlich ist niemand perfekt.

Verschwenden Sie nicht Ihre Zeit damit, etwas an sich zu optimieren, es sei denn, es ist wirklich nötig. Sie haben etwas Besseres zu tun. Verwirklichen Sie lieber einen Traum und tun Sie etwas, das Ihnen Spaß macht. Auf diese Weise wird Ihnen bewusst, wie großartig Sie bereits sind.

Die vielen MASKEN des inneren Widerstands oder: »Zunächst werde ich mich organisieren«

Wenn der innere Widerstand versucht, uns von etwas abzuhalten, trägt er verschiedene Masken. Er verbirgt sich zum Beispiel hinter der Vorstellung, wir müssten alles organisiert und vorbereitet haben, bevor wir mit etwas beginnen können. Nur allzu leicht lassen wir uns zu diesem zeitintensiven Unterfangen verleiten. Es hindert uns daran, das zu tun, was wir eigentlich machen wollten – zum einen, weil wir all unsere verfügbare Zeit darauf verwenden, und zum anderen, weil wir nie perfekt organisiert sein werden.

Da der innere Widerstand sich hinter dieser Maske verbirgt, sollten Sie sich an die folgende Regel halten: Legen Sie jetzt sofort mit Ihrem Projekt los, mitten im Chaos, bevor Sie alles Nötige dafür gefunden haben und die Dinge perfekt geordnet sind.

Nehmen Sie es tatsächlich gleich in Angriff, das heißt jetzt sofort. Zeigen Sie Ihrem kreativen Geist, dass Sie ihn respektieren. Falls Sie im Auto sitzen, ziehen Sie an der nächsten roten Ampel einen Notizblock und einen Stift heraus, um einen Plan zu zeichnen. Oder tun Sie es, wenn Sie das nächste Mal zu Fuß unterwegs sind oder etwas essen – oder wenn Sie sich mit jemandem unterhalten oder einen Film anschauen. Beginnen Sie, an Ihrem Projekt zu arbeiten, egal, was Sie gerade machen.

Kurz gesagt: Beginnen Sie, Ihren Traum umzusetzen, bevor Sie perfekt vorbereitet sind. Wahrscheinlich müssen Sie nur ein paar Vorbereitungen treffen, die überdies nicht bis ins letzte Detail ausgearbeitet sein müssen.

Die vielen MASKEN des inneren Widerstands oder: »Ich habe es mir anders überlegt!«

»Ich weiß, dass ich ein Maler sein will«, erklärte mir einer meiner Klienten. Jeder in seinem Umfeld wusste das. Er hatte bereits alle möglichen Kunstwerke erschaffen, war sehr talentiert und hatte nun die Möglichkeit, ein Atelier mit anderen Malern zu teilen und sich selbst ernsthaft als Künstler zu präsentieren. Also beschloss er, die Chance dieses Mal zu ergreifen.

Er nahm an verschiedenen Kursen teil, investierte Geld in Materialien und widmete seine Zeit und emotionale Energie diesem Prozess. Er schien auf dem richtigen Weg zu sein.

Gerade als man den Eindruck hatte, dass er seinem Ziel sehr nah war, erkannte er, dass er in *Wirklichkeit* seit jeher eigentlich gerne Zahnarzt sein wollte!

Ich hoffe, Sie lachen gerade darüber. Es kam so unerwartet, dass ich ebenfalls beinahe gelacht hätte.

Eine Reihe von Menschen, die ich im Laufe der Jahre kennengelernt habe, änderten plötzlich ihre Meinung, als sie gerade kurz davor waren, einen lange gehegten Traum zu verwirklichen.

Woher kommt das plötzliche Interesse an etwas anderem?

Es liegt schlicht und ergreifend an der Angst. Dieses Phänomen ist eine der Masken des inneren Widerstands. Falls Sie plötzlich und unerwartet Ihre Meinung ändern und etwas, das Sie immer begeistert hat, kurz vor der Realisation plötzlich weniger interessant wirkt, dann sind Sie wahrscheinlich auf eine der Masken Ihres inneren Widerstands gestoßen.

Die vielen MASKEN des inneren Widerstands oder: »Warum bin ich so müde?«

Anfangs ist es nicht leicht, Zeichen des inneren Widerstands zu erkennen. Aber nach einer Weile werden Sie sie entlarven. Ich habe mittlerweile eine Reihe solcher Zeichen bei mir selbst ermittelt. So macht der innere Widerstand mich zum Beispiel immer schläfrig, wenn mir das Schreiben gerade großen Spaß bereitet. Dabei ist es egal, wie viel Schlaf ich in der Nacht zuvor hatte.

Aber das kenne ich schon. Sobald man akzeptiert, was wirklich passiert, und die Masken des inneren Widerstands identifiziert, ist die Lösung einfach. Seitdem ich diese Blockade erkannt habe, bleibt sie nie mehr lange bestehen. Angesichts der Maske der Schläfrigkeit muss ich mir lediglich das Gesicht waschen oder ein kurzes Nickerchen halten, damit sie verschwindet.

Erkennen Sie die Masken Ihres inneren Widerstands?

SCHWERE AUFGABEN

Wenn Sie etwas tun müssen, das Ihnen schwerfällt, und es nicht oft vorkommt – wie etwa Telefonate mit einer Amtsperson zu führen –, sollten Sie jemanden bitten, es für Sie zu erledigen. Halten Sie sich nicht damit auf, Fähigkeiten zu erwerben, die Sie nicht benötigen.

Sie wünschen sich etwas, das keinen NAMEN hat

Falls Sie aus einer Akademikerfamilie stammen, wird Ihnen vielleicht nie bewusst, dass Sie liebend gerne einen Bauernhof bewirtschaften würden. Wenn Ihre Familie aus lauter Geschäftsleuten besteht, kommen Sie vielleicht nie auf die Idee, wie gerne Sie Alte Geschichte studieren würden. Manchmal denken wir, wir wüssten nicht, was wir wollen, weil wir mit bestimmten Sachen nie in Kontakt kommen.

Es empfiehlt sich, Zeit mit Menschen aus vielen unterschiedlichen Bereichen zu verbringen. Nehmen Sie an Events für Fotografen und Gärtner teil, fragen Sie andere bei verschiedensten gesellschaftlichen Anlässen, welche Dinge sie gerne tun. Vielleicht eröffnen sich Ihnen neue Welten, von denen Ihre Familie nichts wusste. Welten, die Ihnen perfekt entsprechen!

Respektieren Sie, was Sie BEGEISTERT

Wenn Sie nicht darauf achten, was Sie begeistert, übersehen Sie womöglich Ihre größten Talente. Ihre Begeisterung ist ein sicherer Hinweis auf versteckte Begabungen und der einzige Weg, sie zu entdecken. Fertigkeiten zählen nicht. Es sind lediglich Fähigkeiten, die Sie aus praktischen Gründen entwickelt haben. Manche Begabungen bekommen keine Chance, sich zu entwickeln. Deshalb denken wir fälschlicherweise, sie würden nicht existieren.

Trauer und andere Gefühle aus der Vergangenheit

Es ist ein Fehler zu denken, wir könnten es vermeiden, uns mit alten Verletzungen auseinanderzusetzen. Wenn wir Gefühle verdrängen, verschwinden sie nie. Einen Gegenstand können wir so lange ablegen, bis wir ihn wieder zur Hand nehmen. Doch wir können keine Tränen überwinden, bevor wir sie tatsächlich vergossen haben. Und wir können keinen Kummer aus unserer Vergangenheit loslassen, bevor wir nicht getrauert haben.

Anstelle von Schuldgefühlen – die Freiheit, Träume zu verfolgen

Das Leben wird kompliziert, wenn unsere Verpflichtungen uns gleichzeitig in viele verschiedene Richtungen ziehen. Wenn Sie sich die Freiheit einräumen, Ihre Träume zu verfolgen, spüren Sie möglicherweise die Last solcher Verpflichtungen. Vielleicht sind diese nicht einmal real. Möglicherweise handelt es sich lediglich um übrig gebliebene Schuldgefühle sowie die Angst davor zu tun, was Ihnen Spaß macht. Bevor Sie in Panik geraten, sollten Sie sofort innehalten und tief durchatmen. Denn so kompliziert ist es letzten Endes nicht.

Sie benötigen lediglich ein wichtiges Instrument, um Ihr Leben zu vereinfachen: Machen Sie sich das Gefühl der Freiheit bewusst, die Sie erlangt haben. Erinnern Sie sich an Ihre freie Zeit, an die Freiheit von Schuld und Sorgen sowie an die Freiheit, Ihre Entscheidungen nicht rechtfertigen zu müssen. Stellen Sie sich das einfach vor.

Wenn Sie Ihre Verpflichtungen zurückschrauben, schenken Sie sich bereits etwas Zeit für die Dinge, die Ihnen Spaß machen, und das ist großartig. Doch solange das Gefühl der Freiheit nicht fest in Ihrem Geist verankert ist, werden Sie nicht in der Lage sein, es richtig einzusetzen. Und schon bald werden Sie sich wieder neue Verpflichtungen aufbürden.

Wir sind alle Gefangene unserer Gedanken, die uns vorschreiben, was wir tun sollten. Der Schlüssel zur Freiheit besteht darin, unsere Träume zu verwirklichen. Wir können ihn einsetzen, wenn wir ihn brauchen.

Den inneren Widerstand AUSTRICKSEN

Manchmal können Sie sich ohne Vorwarnung an den inneren Widerstand heranschleichen. Eine Möglichkeit besteht darin, plötzlich mit der Arbeit zu beginnen, ohne es vorher zu planen. Sagen Sie nicht zu selbst: »Um fünf Uhr werde ich das nächste Kapitel schreiben.« Verfassen Sie es vielmehr, während Sie in der Küche stehen, oder malen Sie Ihr Meisterwerk im Wohnzimmer, während Sie mit Ihrer Familie zusammen sind.

Ein Erfolgsteam finden oder selbst zusammenstellen

Solche Teams existieren auf der ganzen Welt, sehen Sie auf www.shersuccessteams.com nach, ob es eines in Ihrer Nähe gibt, oder nutzen Sie dafür irgendeine Gruppe, der Sie bereits angehören – Ihren Gartenverein oder die Gruppe der Gassigeher. Treffen Sie sich regelmäßig, um sich darüber auszutauschen, woran Sie arbeiten und was Sie in den nächsten Tagen gerne schaffen würden. Unterstützen Sie sich gegenseitig dabei, Ihre Ziele so weit wie möglich zu erreichen.

Es liegt eine gewisse Magie darin, andere in die eigenen Projekte miteinzubeziehen. Der Stress löst sich in der Regel auf, und man erledigt überraschend viel. Solche Leute, die sich über unseren Erfolg freuen, können uns auf unterschiedliche Weise helfen – durch ihre Unterstützung und durch Informationen, auf die wir alleine nicht gestoßen wären.

Ich reagiere immer noch so wie als **KIND!**

Eine meiner Klientinnen erzählte mir Folgendes: »Mein Problem ist, dass ich nicht tue, was ich tun sollte (Klavier üben, mein Büro zu Hause putzen, meine Unterrichtsstunden für die nächste Woche vorbereiten), weil noch andere Leute im Haus sind und ich befürchte, sie zu ›stören‹. Das klingt seltsam, aber es ist ein echtes Problem für mich. Als ich ein Kind war, reagierte meine ganze Familie allergisch auf Lärm, sodass ich mit dem Klavierspielen aufhören musste, sobald die anderen abends nach Hause kamen. Doch ich bin kein Kind mehr, ich bin erwachsen! Ich komme mir wirklich albern vor, weil ich mir immer noch Gedanken darüber mache, dass ich anderen mit dem Üben auf die Nerven gehen könnte. Es ist mir peinlich, dass ich weiter auf eine Erlaubnis warte, um das zu tun, was ich in meinem eigenen Haus gerne tun würde. So als wäre ich nie erwachsen geworden!«

Wir glauben tatsächlich, dass wir all die Dinge überwunden haben müssten, die uns als Kind zugesetzt haben. Dabei ist es völlig normal, immer noch auf Erlaubnis zu warten. Wir meinen jedoch, wir müssten Verhaltensweisen überwinden, die ein Teil unserer frühesten (und leidvollsten) Prägung sind. Aber so funktioniert es nicht. Gefühle und Bedürfnisse, die wir in unserer Kindheit entwickelt haben, überwinden wir ebenso wenig wie unsere Muttersprache.

Unsere frühen Erfahrungen sind die beeindruckendsten, die wir je machen werden. Wann immer sie in unserem gegenwärtigen Leben auftauchen, sollten wir ihre Kraft zur Kenntnis nehmen und dem Kind in uns erlauben, die Gefühle aus der Vergangenheit zuzulassen. Es muss diese Gefühle wahrnehmen und die Anteilnahme und Unterstützung von dem erwachsenen Menschen bekommen, der wir geworden sind. Wenn wir diese Gefühle aus der Vergangenheit in einem Moment zum Ausdruck bringen, in dem wir mit uns selbst alleine und somit ganz »privat« sind, können sich aktuelle Probleme auflösen. Werden sie wiederkehren? Natürlich, aber jedes Mal sollten wir wieder dasselbe tun: Wir sollten dem inneren Kind die eigenen Gefühle zugestehen, es unterstützen und voller Anteilnahme wahrnehmen, wer wir waren. Wenn wir uns stets so verhalten, werden diese Probleme immer seltener auftauchen.

GEFÜHLE

Manche Menschen gestehen sich Glück nicht zu. Das könnte möglicherweise auch Sie betreffen. Immer wenn so jemand beginnt, sich glücklich zu fühlen, stellt sich ein Gefühl des Unbehagens bei ihm ein, und er versucht, das Gefühl loszuwerden. Aber warum sollte irgendjemand Angst vor dem Glücklichsein haben?

Manchmal liegt der Grund tief in der Kindheit begraben, zum Beispiel wenn ein Elternteil depressiv war. Wenn ein kleines Kind erkennt, dass es die Traurigkeit der Mutter oder des Vaters nicht beenden kann, beschließt es manchmal, ebenfalls traurig zu sein, da es ihm gemein erscheint, in dieser Situation glücklich zu sein. Manche Menschen haben aus einem ähnlichen Grund Angst vor Erfolg: Ein Elternteil fühlt sich als Versager, und das Kind will seine Mutter oder seinen Vater nicht übertrumpfen.

Möglicherweise erinnern Sie sich nicht daran, aber wenn sich so etwas in Ihrer Vergangenheit zugetragen hat, können die heutigen Botschaften bestimmte Emotionen bei Ihnen auslösen und einige Erinnerungen hervorrufen. Prüfen Sie, ob dies bei Ihnen der Fall ist.

Wer ist Ihr Vorbild?

Ein Vorbild ist jemand, dem Sie gerne nacheifern möchten, jemand, der etwas getan hat, was Sie gerne tun würden, oder zumindest so etwas Ähnliches.

Wen bewundern Sie besonders? Wessen Leben und Erfolge hätten Sie gerne? Vorbilder helfen uns nicht nur dabei, uns bestimmte Ziele zu setzen, sondern sie bieten uns auch Inspiration, Ermutigung und Führung.

Falls irgendjemand irgendwo auf diesem Planeten das getan hat, was Sie gerne tun möchten, dann können auch Sie dieses Vorhaben verwirklichen. Hängen Sie bei sich zu Hause ein Bild dieser Person auf. Lesen Sie etwas über ihr Leben und finden Sie heraus, wie es ihr gelungen ist, das Projekt umzusetzen.

Jeder will doch das Gleiche

Sie glauben, jeder wolle das Gleiche tun wie Sie. Darüber hinaus halten Sie sich für gewöhnlich und unrealistisch, weil Sie denken, Sie könnten in einem Bereich erfolgreich sein, der Sie reizt. Aber Sie sind nicht so wie andere. Niemand ist das.

Der Gedanke, Sie würden ein Hirngespinst verfolgen, einen Wunschtraum, nach dem sich jeder unrealistische Mensch sehnt, stammt wahrscheinlich nicht von Ihnen selbst. Er wurde Ihnen von anderen Menschen eingetrichtert, von Leuten ohne Fantasie, ohne Erfahrung und mit einer Einstellung, die Ihnen nicht konstruktiv dabei hilft herauszufinden, was Ihnen Spaß macht.

Der Tag hat nicht genügend Stunden, um meinen Traum umzusetzen

Diese scheinbar vernünftige Aussage basiert auf einer verborgenen Annahme. Viele Projekte sind in der Tat sehr anstrengend, sogar diejenigen, die Ihnen Spaß machen. Zudem haben Sie wahrscheinlich wirklich nicht genug Zeit, um Ihren Traum umzusetzen.

Allerdings gehen Sie davon aus, dass Sie alles selbst machen müssen. Wenn Sie wüssten, wie viele Technikfreaks ich kennengelernt habe, die sich in ihrem Job langweilen und anderen Menschen liebend gerne bei der Gründung kleiner Online-Start-ups helfen würden. Sie müssen die ganze Last nicht selbst schultern oder Geld auftreiben, um Gehälter zu bezahlen. Tun Sie sich mit Menschen zusammen, die sich für dieselben Dinge interessieren wie Sie – oder die *Sie* interessant finden! Wenn Sie viele Ideen haben, werden andere sich gerne mit Ihnen austauschen und zahlreiche Skizzen auf Servietten in Cafés zeichnen.

Machen Sie sich auf die Suche nach Gleichgesinnten und probieren Sie alles aus, solange es interessant, sicher und kostenlos ist. Das verändert alles.

Haben Sie ANGST sich festzulegen?

Wir sollten uns gut überlegen, welche Verpflichtungen wir eingehen oder welche Versprechen wir abgeben, denn wenn wir später neue Informationen bekommen, könnten wir einige Entscheidungen vielleicht gerne rückgängig machen wollen.

Der Begriff »Verpflichtung« klingt sehr tugendhaft. »Wenn er eine Entscheidung trifft, steht er dazu.« »Wenn sie sich ein Ziel gesetzt hat, kann sie nichts davon abhalten, bevor sie es erreicht hat.« Der Begriff ist fast so etwas wie eine Definition für »Charakterstärke«.

Aber wie entscheidet man sich für etwas, das man dann auch konsequent verfolgt?

Häufig wird von uns erwartet, dass wir uns auf etwas festlegen, obwohl wir nicht genau wissen, worum es eigentlich geht. »Ich habe beschlossen, Journalistin zu werden.«

Aufgrund welcher Basis wurde diese Entscheidung getroffen? Sicherlich nicht aufgrund von Erfahrung. Die betreffende Person weiß mehr über die Schuhe, die sie an einem bestimmten Tag tragen wird, als über den beruflichen Lebensweg, den sie gerade plant.

Es wäre wahrscheinlich eine bessere Idee, sich gut zu informieren und ein paar Dinge auszuprobieren, bevor man sich für etwas entscheidet.

Falls jemand Sie fragt »Warum triffst du nicht einfach eine Entscheidung?«, könnten Sie zum Beispiel erwidern: »Ich probiere etwas zunächst gerne aus, damit ich weiß, wovon ich rede. Danach werde ich mich festlegen.«

Das klingt doch plausibel, oder nicht?

Das GLÜCK der Negativität

Die meisten Menschen wissen nicht, wie sie mit ihren inneren Widerständen umgehen sollen. Das trifft sogar auf diejenigen zu, die erkennen und akzeptieren, dass diese Widerstände auf den Plan treten, um uns vor einer (vermeintlichen) Gefahr zu schützen. Wie bereits häufig erwähnt, lässt sich das Gefahrenpotenzial stark reduzieren, wenn wir uns mit anderen Menschen zusammentun.

Aber es gibt noch weitere Möglichkeiten, die Gefahr zu vermindern.

Wir möchten nicht, dass unser innerer Widerstand eine Gefahr wahrnimmt und auf den Plan tritt, um uns zu stoppen. Wir wollen, dass er weiterschlummert, damit wir tun können, was uns Spaß macht. Aber welche Möglichkeiten haben wir, wenn genau das sich für uns gefährlich anfühlt?

Meine Lieblingsmethode besteht darin, dem inneren Widerstand etwas vorzuflunkern und so zu tun, als hätten wir beinahe aufgegeben. Anstatt zu sagen »Ich bin fabelhaft« und »Ich kann das«, sollten Sie zu sich selbst sagen: »Ich werde dieses gefährliche Projekt nicht wirklich durchziehen.« Und es geht sogar noch besser.

Versuchen Sie Folgendes zu sagen: »Wahrscheinlich werde ich nicht viel machen, und mein Traum wird wahrscheinlich nirgendwohin führen. Ich werde nur dieses kleine bisschen tun und das ganze Projekt dann wahrscheinlich hassen und es wahrscheinlich beenden. Denn wahrscheinlich wird sowieso nichts daraus.«

Der innere Widerstand hält das für ein Schlaflied!

»Versuche, bei allem, was du tust, die/der Beste zu sein«

Mit dieser Haltung stimmt etwas nicht. Zum einen macht sie aus allem eine Art Wettkampf. Wenn wir etwas tun, was uns Spaß macht, sollten wir uns keineswegs mit anderen vergleichen, sondern vollkommen in unserem Tun aufgehen.

Zum anderen sticht das Wort »der Beste« in dieser Aussage heraus. Ich wüsste gerne, wer in einer Position sein soll, um zu entscheiden, wer »der Beste« ist. Und warum denken wir, dass es nur einen »Besten« und danach lauter Zweitbeste gibt? Das hat keinen Wert.

Es ist eine destruktive Art zu denken, die wir möglichst vermeiden sollten.

Hobby, Unterhaltung oder Beruf?

Manchmal müssen wir uns lediglich bewusst machen, dass einige Dinge aus praktischen Gründen geschehen und andere Hobbys sind und der Unterhaltung dienen. Zumindest können wir unsere Kritiker beruhigen, wenn wir bestimmte Aktivitäten als Hobbys und Unterhaltung bezeichnen.

»Warum malst du?«, fragen sie uns vielleicht. »Hast du vor, eine Malerin zu werden? Das ist verrückt! Du hast doch schon einen ordentlichen Beruf!«

Darauf sollten wir lächelnd erwidern: »Es ist nur ein Hobby. Angeblich eignet es sich sehr gut, um Stress abzubauen. Und es ist besser, als Bier zu trinken.«

Kritikern den Wind aus den Segeln nehmen

Falls Sie gerne neue Dinge ausprobieren, könnten ein paar Ihrer Freunde und Verwandten sich über Sie lustig machen. »Na, was machst du denn diese Woche?«, fragen sie vielleicht mit einem süffisanten Unterton vor anderen. Das kann Ihnen einen Stich versetzen, aber es gibt Möglichkeiten, damit umzugehen.

Eine meiner Lieblingsreaktionen besteht darin, lächelnd zu

erwidern: »Vielen Dank, dass du mich davon abhältst. Ich würde mir sonst vielleicht mein Leben ruinieren!«

Sie werden feststellen, dass die meisten Leute über die Kritiker lächeln, anstatt ihnen zuzustimmen. Es macht Spaß, das zu beobachten.

EINEN JOB HABEN

»Ich kann mir einfach nicht vorstellen, in einem Büro zu arbeiten!«, erklärte mir eine Klientin. Und ich habe viele andere Menschen dasselbe sagen hören. Es ist ihre Entschuldigung dafür, nicht zu arbeiten oder Jobs zu machen, für die man keine besondere Qualifikation braucht, die sie jedoch nicht mögen.

Doch tatsächlich gibt es Millionen gut bezahlter Jobs, die nichts mit Büros zu tun haben. Man kann mit einem Lieferwagen in der Stadt herumfahren und Geschäfte beliefern. Ich kenne eine Frau, die diesen Job liebt. Häufig nimmt sie ihre Kinder mit. Oder sie lernt während ihrer Wartezeiten Sprachen mithilfe von CDs.

Ich kenne auch einen Schauspieler, der die Möglichkeit haben wollte, Jobs anzunehmen, wenn sie ihm angeboten wurden, einschließlich Tourneejobs, bei denen er monatelang unterwegs sein würde. Was tat er also? Er machte eine Ausbildung zum Elektriker und hatte aufgrund von Mundpropaganda stets mehr als genug Arbeit, wenn er in seiner Heimatstadt war.

Ich erinnere mich auch an einen Buchhalter, der mit seiner Festanstellung unglücklich war. Er unternahm sehr gerne Fahrradtouren im Ausland. Also machte er sich mit Steuererklärungen für Klienten selbstständig. In den drei oder vier Monaten, in denen die meisten Steuererklärungen erstellt werden, verdiente er genug, um das ganze Jahr davon zu leben, und er konnte sogar ein Haus kaufen.

Außergewöhnliche Träume

Häufig meinen wir, gewöhnliche Leute könnten keine außergewöhnlichen Träume verwirklichen. Ich kenne eine Pilotin, die mit flammender Begeisterung erklärte, jeder könne fliegen. Außerdem hatte sie keinerlei Scheu, diese Botschaft auch anderen Menschen zu vermitteln. Daher schlug ich ihr vor, Motivationsvorträge zu halten.

Manche Menschen haben Angst, vor Publikum zu sprechen, aber das war nicht ihr Problem. Sie hatte es bereits häufig und gerne gemacht. Allerdings hatte sie das Gefühl, ein Niemand zu sein. Weder hatte sie besondere Qualifikationen noch war sie renommiert genug, um sich als Expertin zu bezeichnen.

»Vielleicht sind Sie auf dem Gebiet des Fliegens oder als Fluglehrerin keine Topexpertin«, sagte ich zu ihr. »Aber Sie verfolgen Ihre Ziele mit wahrer Leidenschaft. Die meisten Unternehmen engagieren gerne solche Menschen, um ihre Mitarbeiter zu motivieren. Und es ist schwer, für Vorträge Frauen mit einem so bunten Lebenslauf wie Ihrem zu finden. Möglicherweise können Sie einen richtigen Beruf daraus entwickeln und viele Menschen glücklich machen. Oder sie zumindest dazu inspirieren, ihre eigenen Träume zu verwirklichen.«

Als ich sie das letzte Mal sah, dachte sie noch darüber nach. Sie war sich nach wie vor nicht sicher, ob sie das Recht hatte, sich so zu sehen, wie ich sie beschrieb. Manchmal frage ich mich, ob sie diesen Schritt je gemacht hat. Falls nicht, wäre das sehr schade.

Erkennen Sie sich in ihr wieder?

WAS IST WIRKLICH GUT AN IHNEN?

Damit meine ich nicht, was die Welt als »erstklassig« oder »nützlich« erachtet oder womit Ihre Familie angeben würde, sondern was Sie von anderen Menschen unterscheidet. Stellen Sie sich vor, Sie würden sich von der gegenüberliegenden Seite eines Raums aus betrachten. Versuchen Sie dann, diese wichtige Frage zu beantworten, auch wenn das nicht leicht ist.

Es geht dabei nicht darum, sich selbst loben oder lieben zu können. Sie sollten lediglich wissen, wer Sie sind und womit Sie arbeiten können.

Halten Sie sich nicht mit Gedanken über Aspekte wie Bescheidenheit oder Prahlerei auf. Wenn Sie ein Auto wären und eine Geländefahrt absolvieren müssten, würden Sie auf andere Eigenschaften achten als bei einem Indy-500-Rennen.

Gelingt es Ihnen, objektiv zu sein? Womit können Sie punkten?

Falls nötig, können Sie an Ihren Schwächen arbeiten, aber es wäre besser, sich diese Zeit zu sparen und sich darauf zu konzentrieren, was Sie mit den Dingen anfangen können, die Sie bereits mitbringen. Versuchen Sie, objektiv zu bleiben, und listen Sie Ihre Stärken auf. Auf diese Weise können Sie dafür sorgen, den richtigen Weg zu finden.

Der ideale TAG

Eine meiner Lieblingsübungen, die ich entwickelt habe, stammt aus meinem ersten Buch ›Wishcraft‹ und heißt »Der ideale Tag«. Es geht darum, in der Fantasie einen Tag an einem Ort zu verbringen, der Sie glücklich macht, sich mit Menschen zu umgeben und Dinge zu tun, die Sie interessieren.

Seien Sie bei dieser Übung nicht realistisch. Im Moment geht es noch nicht darum, was möglich ist. Wir wollen lediglich herausfinden, was Sie begeistert. Allerdings geschieht häufig Folgendes: Ich bekomme Briefe von Menschen, die diese Übung durchgeführt haben und ein paar Jahre später erkennen, dass sie sich ein Leben geschaffen haben, dass tatsächlich auf diesem Tag basiert.

Versuchen Sie's mal.

TRÄUME:
Erkennen Sie den Teil, der Ihnen am besten gefällt

Wir vergessen häufig, unsere zugkräftigen Talente zu nutzen, um unsere Träume zu verwirklichen. Eine meiner Klientinnen wünschte sich, eine Pferderanch zu besitzen, aber finanziell war es für sie absolut unerreichbar. Ich fragte sie, welcher Teil ihres Traums ihr am meisten gefiel.

»Einfach auf dem Land zu sein und mit Pferden zu arbeiten. Das klingt himmlisch, aber ich werde nie meine eigene Ranch besitzen.«

Damit hatte sie wahrscheinlich recht, aber um zu bekommen, was ihr am wichtigsten war, musste ihr keine Ranch gehören. Es genügte, einen Betrieb zu finden, in dem sie ihre Fähigkeiten einbringen konnte. Sie war eine ausgezeichnete Bürokraft und hatte sogar bereits ein paar Mal für die Besitzer einer Ranch in ihrer Nähe gearbeitet. Sie hatte die Büroorganisation übernommen, Rechnungen überwiesen, sich um Verträge und Versicherungen gekümmert – alles Dinge, die für die Besitzer eine schreckliche Bürde waren und sie überforderten.

Sie konnten es sich zwar nicht leisten, der Klientin eine Vollzeitstelle zu bezahlen, aber gemeinsam beschlossen sie, dass diese auf der Ranch leben und im Gegenzug die Büroarbeit in Teilzeit erledigen würde. Außerdem wollte sie ein paar zusätzliche Jobs annehmen, die sie über das Internet von ihrem neuen Zuhause aus erledigen konnte, um sich etwas Geld für ihren persönlichen Bedarf dazuzuverdienen.

Der Traum dieser Frau hat sich erfüllt. Sie lebt mittlerweile glücklich auf ihrer Pferderanch, ohne diese selbst besitzen zu müssen.

Wie lange sollte man an einer Sache dranbleiben?

Das hängt davon ab, was für ein Mensch Sie sind. Es gibt Leute, die sich ewig mit Dingen beschäftigen, die Sie nach fünf Minuten langweilen würden. Offensichtlich haben diese Menschen eine besondere Fähigkeit, wichtige Aspekte daran zu erkennen.

Wir ticken alle unterschiedlich. Manche Menschen bleiben gerne so lange bei einer Sache, bis sie diese meistern, und verlieren dann komplett das Interesse daran. Das macht andere Leute natürlich wahnsinnig. »Jetzt beherrschst du es perfekt. Warum willst du damit aufhören?«, fragen sie entgeistert.

Wenn Sie zu dieser Gruppe von Menschen gehören, besteht Ihre Begabung aus einer besonderen Art des Lernens. Sie legen begeistert bei null los und widmen sich einer Sache so lange, bis Sie sie gemeistert haben. Das ist eine wunderbare Gabe, und man sollte sich stets an Sie wenden, um anderen bei der Umsetzung von Projekten zu helfen. Sie sollten ihnen beibringen, die erforderlichen Dinge zu tun, während Sie sich diese selbst aneignen. Auf diese Weise werden die anderen so weit sein, wenn Sie die Aufgaben bereits beherrschen.

Und zu diesem Zeitpunkt sollten Sie weiterziehen und sich einer völlig neuen Aufgabe widmen. Denn Sie gehören nun nicht mehr an den vorigen Ort. Sie sind dafür geschaffen, sich immer neue Fähigkeiten anzueignen und sich zu erarbeiten, wie man verschiedene Aufgaben gut meistert.

Wie sieht Ihr **TRAUM** genau aus?

Beim Schreiben heißt es, der Stoff findet seine eigene Form. Man kann einen Roman nicht in eine Kurzgeschichte hineinzwängen oder aus einem Theaterstück einen Zeitschriftenartikel machen. Das Gleiche gilt auch für einen Traum. Es ist sehr schwer, damit vorwärtszukommen, wenn die Form sich Ihnen noch nicht offenbart hat – und möge der Himmel Ihnen helfen, wenn Sie sich für die falsche Form entscheiden.

Eine meiner Klientinnen, die ich hier Alice nennen werde, liebte es, Kleidung zu entwerfen, und sie *nahm an*, dass sie einen eigenen Laden brauchte. Als sie einen gefunden hatte, stellte sie fest, dass sie 70 Stunden pro Woche arbeiten musste und fast nie dazu kam, den Teil zu tun, der ihr am besten gefiel: ungewöhnliche Stoffe zu finden und Kleidungsstücke zu entwerfen, die perfekt zu diesen Stoffen passten. »Der Laden ist so teuer. Die Miete, die Werbung und die Angestellten kosten so viel Geld, dass ich einen großen Umsatz generieren muss und keine Zeit für die Dinge habe, die mir Spaß machen«, klagte sie.

Der Laden war nicht die richtige Form für Alices Traum. Gemeinsam suchten wir nach einer passenderen. Eigentlich wollte Alice Modedesignerin sein. Aber das führte zu einem neuen Problem. Wenn sie das typische Geschäftsmodell für Modedesigner nutzte, würde sie sehr viel Geld riskieren müssen. Die Lösung bestand darin, eine neue Form zu erfinden: Mittlerweile hat Alice eine Mailingliste all ihrer Kunden zusammengestellt. Immer wenn sie eine neue Kollektion für den Verkauf fertiggestellt hat, lädt sie ihre Kunden zu sich nach Hause ein, damit diese sich die Stoffe ansehen und verschiedene Muster anprobieren können. Wenn sie etwas Bestimmtes haben möchten, bezahlen sie ihre Bestellung und verabschieden sich wieder. Nach ein oder zwei Wochen erhalten sie ihre neuen Kleidungsstücke mit der Post.

Bevor Sie also einen Laden anmieten, sich für ein Medizinstudium einschreiben oder gar einen Job bei der NASA annehmen, sollten Sie prüfen, ob diese Form tatsächlich zu Ihrem Traum passt. Mit der folgenden absolut zuverlässigen Methode wird Ihnen das sicher gelingen: Lassen Sie Ihren Traum zunächst in Ihrer Vorstellung entstehen. Stellen Sie sich vor, Sie wären tatsächlich an dem Ort, an dem Ihr Traum stattfindet. Falls es sich um einen Laden handelt, öffnen Sie die Tür, prüfen Sie das Inventar und die Kasse, unterhalten

Sie sich mit einem Kunden und rufen Sie einen Lieferanten an.

Beobachten Sie genau, wie Sie sich bei jedem einzelnen Schritt fühlen. Bewerten Sie auf einer Skala von 1 bis 10, wie erfüllend die verschiedenen Tätigkeiten jeweils für Sie sind. Ersetzen Sie dann alles, was Sie nicht erfüllt – alles, was nur sechs Punkte oder weniger bekommen hat –, durch etwas, das Ihnen besser gefällt. Durchleben Sie Ihre Fantasie in der Vorstellung nun erneut und wiederholen Sie diesen Prozess so lange, bis sich alles stimmig anfühlt. Es dauert eine Weile, aber mithilfe dieser Übung können Sie tatsächlich eine Form entwickeln, die perfekt für Sie funktioniert. Natürlich müssen Sie das Ganze trotzdem noch umsetzen, aber zumindest haben Sie nun ein gutes Konzept, wie Sie vorgehen können und – ebenso wichtig – Sie wissen, was Sie *nicht* tun sollten.

Sind Sie ein Scanner?

Wenn das der Fall ist, sollten Sie sich all den Dingen widmen, die Sie interessieren, und die Menschen ignorieren, die Ihnen weismachen wollen, mit Ihnen stimme etwas nicht. Es gab eine Zeit, zu der die Menschen stets an vielen Dingen interessiert waren. Denken Sie nur an Benjamin Franklin oder Leonardo da Vinci. Es ist eine unglückliche Entwicklung, dass sich dies verändert hat und heute nur noch Spezialisten anerkannt werden.

Menschen mit vielen Interessen sowie Menschen, deren Interessen sich häufig verändern, bezeichne ich wie gesagt als »Scanner«. Es handelt sich um wunderbare Leute, die sich glücklich schätzen können. Sie sind klug, interessant, kreativ und neugierig. Es sollte Ihnen nie unangenehm sein, wenn Sie ein Scanner sind.

Übrigens gibt es viele Berufsfelder, in denen Scanner erfolgreicher sind als Spezialisten. Sie sind überall zu finden!

Unterschiedliche Botschaften – wer sind Sie?

Wer sind Sie? Einer Klientin wurde von ihrem Vater vermittelt: »Du solltest immer die Beste sein. Doch als Frau solltest du nicht so gut sein, dass du deinem Ehemann das Leben schwer machst. Strebe im Beruf danach, an der Spitze zu stehen, und gib dich nie mit weniger zufrieden – aber achte auch darauf, deinem Mann nützlich zu sein und seine Belange über deine eigenen zu stellen. Sei die Klügste, aber schweige, wenn du beim Spielen mit deiner Familie den besten Scrabble-Begriff gefunden hast. Lass die anderen gewinnen.«

Es ist kein Wunder, dass diese Frau nicht genau wusste, wer sie war oder wer sie sein sollte.

Man könnte nun leicht ihre Eltern dafür verantwortlich machen, aber diese versuchten ehrlich, meine Klientin zu beschützen. Sie erkannten, dass sie außergewöhnlich klug war, intelligenter als alle anderen in ihrem Umfeld. Einerseits wünschten sie sich, dass ihre Tochter ihr wahres Potenzial entfaltete, und andererseits wollten sie sie vor Ablehnung und Einsamkeit bewahren. Immer wieder waren sie mit diesem Konflikt konfrontiert. Wie hätten sie sich anders verhalten können? Ihre Tochter war definitiv anders, und hochbegabte Kinder, vor allem Mädchen, kämpfen tatsächlich häufig mit Problemen.

Vielleicht hätten die Eltern intensiv nach einer Gruppe von Kindern suchen sollen, die genauso intelligent waren oder andere besondere Talente hatten, damit ihre Tochter ganz sie selbst hätte sein können.

Was meinen Sie?

DIE REALITÄT
ENTSCHEIDET DARÜBER, WAS GESCHIEHT

Wir vergessen gerne, dass das Schicksal, das Timing, verschiedene Vorkommnisse sowie viele andere Dinge, aus denen die Realität sich zusammensetzt, einen großen Einfluss auf das Ergebnis unserer Träume haben. Dagegen wird uns immer wieder eingetrichtert, wir hätten endlos viel Kraft und müssten nur an unsere Träume glauben.

Doch es gibt Gewitter, Wirtschaftskrisen sowie unerwartete Ereignisse in unserem Leben, so viele Dinge, die wir nicht vorhersehen können. Es schadet uns nur, wenn wir glauben, wir hätten eine gewisse magische Kraft, die das Schicksal unseren Bedürfnissen entsprechend beeinflusst. Das ist jedoch nicht plausibel, und irgendwo im Inneren weiß das auch jeder.

Eine bekannte Redewendung lautet »Das Leben passiert einfach, während wir damit beschäftigt sind, Pläne zu schmieden«, und es ist viel Wahres daran. Schmieden Sie also Pläne und suchen Sie sich all die Unterstützung, die Sie brauchen, um Ihr Bestes zu tun, aber pokern Sie nicht zu hoch und seien Sie auf Überraschungen gefasst.

Die Geschlechter und ihre Emotionen

Wenn Männer sich verletzt fühlen, reagieren sie oft wütend. Manchmal zetteln sie sogar einen Kampf an. Wenn Frauen wütend sind, weinen sie häufig. Allerdings tun wir uns nichts Gutes, wenn wir ein falsches Gefühl zum Ausdruck bringen. Wir sollten den Mut haben, uns einzugestehen, was wir tatsächlich empfinden. Dann können wir diese Emotion verarbeiten, und danach wird es uns besser gehen.

Haben Sie einen toxischen Job?

Manche Jobs sind in Ordnung, obwohl man mit ein paar nervigen Leuten zu tun hat. Aber einige Jobs sind toxisch, und das sollte man überaus ernst nehmen. Ich bin Menschen begegnet, die beruflich sehr erfolgreich waren und von Kollegen attackiert wurden, die ihnen wirklich schaden wollten. Zum Teil geschah das aus Neid. Allerdings erkennen die meisten Betroffenen dieses Problem nicht, da sie nicht auf die Idee kommen, dass jemand neidisch auf sie sein könnte.

Einige meiner Klienten hatten ein bis zwei Jahre lang versucht, am Arbeitsplatz mit rachsüchtigen, intrigierenden und verletzenden Kollegen auszukommen. Als sie mich dann aufsuchten, waren sie so deprimiert, dass sie beinahe körperlich krank waren. Ihre Leistungen in der Arbeit litten darunter, und ihre Chefs, die früher so beeindruckt von ihnen gewesen waren, wussten nicht, was los war. Diese Leute standen kurz vor ihrer Kündigung.

»Warum gehen Sie nicht von sich aus?«, fragte ich sie.

»Weil ich so einen tollen Job habe. Ich kann ihn mir doch nicht von jemandem wegnehmen lassen!«, lautete die Antwort.

Aber jemand hatte ihnen den Job bereits weggenommen. Meine Klienten waren die meiste Zeit niedergeschlagen und bekamen einen schlechten Ruf in einem Bereich, in dem sie sich zuvor eine gute Position erarbeitet hatten.

Die Situation ist zwar nicht immer so schlimm, aber ich kenne eine Reihe äußerst renommierter Menschen, die zur Zielscheibe einer toxischen Person geworden waren und sich extrem drangsaliert fühlten. Sie waren nicht darin geschult, sich vor solchen Leuten zu schützen, und hatten eine solch schreckliche Situation noch nie erlebt.

Ich riet ihnen Folgendes: »Retten Sie Ihr Leben. Gehen Sie von dort fort, und zwar bald!«

»Aber ich möchte warten, bis ich einen anderen Job gefunden habe, vorzugsweise einen besseren«, erwiderte einer meiner Klienten. Häufig ist das eine gute Idee, aber nicht in diesem Fall.

Ein toxischer Job macht Sie zu krank, um den Absprung zu schaffen. Vielleicht wird Ihnen gekündigt, und das könnte ein echtes Problem werden. Suchen Sie nicht nach einem besseren Job, um einen toxischen Job damit zu ersetzen. Wenn Ihre Wohnung in Flammen stünde, würden Sie nie sagen:

»Ich werde die Wohnung verlassen, sobald ich ein besseres Apartment gefunden habe!«

Wahrscheinlich waren Sie in der letzten Zeit bereits sehr von der Situation vereinnahmt und haben Ihre Familie und Ihre wahren Freunde vernachlässigt. Es ist an der Zeit, sich wieder zu erholen.

Denken Sie sich daher einen möglichst guten Vorwand aus und rennen Sie (gehen reicht nicht!) zum nächsten Ausgang, und zwar so schnell wie möglich.

Selbstvorwürfe

Sich Vorwürfe zu machen ist in Wirklichkeit ein echter Trick. Dadurch fühlen Sie sich integer und rein, ohne sich verändern zu müssen. Sie sollten allerdings entweder einen Weg finden, um sich Ihrem Projekt zu widmen, oder sich klar weigern, indem Sie sagen: »Nein, ich kann nicht« oder »Nein, ich werde es nicht tun«.

Sagen Sie nicht länger: »Ich hätte es tun sollen. Ich bin schlecht.«

Selbstvorwürfe bringen Sie zu der Überzeugung, Sie hätten die Kraft, Dinge zu tun, die zu schwer für Sie sind – Dinge, zu denen Sie in Wirklichkeit nicht in der Lage sind.

Wenn Sie sich dabei ertappen, dass Sie sich schelten und sich Selbstvorwürfe machen, sollten Sie damit aufhören und sich den Dingen widmen, zu denen Sie in der Lage sind.

Selbstvertrauen

Viele Menschen möchten sich selbstsicher fühlen, bevor sie etwas in Angriff nehmen. Oder sie haben das Gefühl, dass sie ein wichtiges Projekt nur dann gut bewältigen können, wenn sie genügend Selbstbewusstsein haben. Aber wir sind nie selbstbewusst, wenn wir etwas zum ersten Mal tun.

Wir sind selbstsicher bei Dingen, die wir bereits Dutzende Male erfolgreich getan haben, wie etwa unsere Schuhe zu binden. Es ist sinnlos, darauf zu warten, dass die Selbstsicherheit sich einstellt, bevor wir etwas in Angriff nehmen. Wir sollten uns lieber möglichst gut vorbereiten und auf die Details achten.

Gleichzeitig sollten wir uns bewusst machen, dass wir bereit sind, uns etwas Neuem zu widmen, sobald wir bei einem Projekt eine innere Sicherheit entwickelt haben.

BLOCKADEN
BEI BEWERBUNGSGESPRÄCHEN ODER AUSWAHLVERFAHREN

Wenn Sie bei einem Bewerbungsgespräch, einem Casting oder beim ersten Rendezvous unsicher und nervös sind und sich nicht authentisch fühlen, bedeutet dies, dass Sie Angst haben. Suchen Sie einen Ort auf, an dem Sie nicht gestört werden und wo Sie ein paar Tränen vergießen oder ungehemmt seufzen können. Sie werden feststellen, dass Ihre Angst verschwindet. Sie werden ruhig, furchtlos und direkt.

WOVOR HABEN WIR ANGST?

Immer wenn wir uns dagegen wehren, etwas zu tun, das uns Spaß macht, liegt es letztlich an unserer Angst. Die Angst lässt sich durch die wichtige Frage überwinden: »Worin besteht die Gefahr?« Und die Antwort darauf zeigt fast immer, dass irgendwo in unserer Vergangenheit emotionales Leid begraben ist.

Emotionales Leid empfinden wir als gefährlich. Es entsteht, wenn wir Angst haben

- vor Erfolg (davor, als Schwindler entlarvt zu werden)
- vor Neid (und davor, nicht gemocht zu werden)
- vor Einsamkeit und Isolation
- glücklich zu sein (wenn jemand in unserer Familie unglücklich war)
- nicht gut genug zu sein
- vor Schuld (davor, nicht geliebt zu werden)
- vor Armut und dem Verlust unseres Besitzes
- zu versagen und nicht mehr geachtet zu werden
- unseren letzten »großen Traum« zu verlieren und ihn deshalb aufbewahren und ihn nicht einmal ausprobieren
- ins kalte Wasser zu springen (wir haben eine innere Ladehemmung)
- vor Neuem (weil wir vielleicht nicht darauf vorbereitet sind)

Manchmal scheint unser innerer Widerstand nicht auf emotionalem Leid zu basieren, sondern vielmehr daher zu stammen, dass wir auf stur geschaltet haben: Wir streiken wie kleine Kinder, weil niemand uns versteht, weil wir nicht wir selbst sein können oder weil wir uns ungerecht behandelt fühlen. Wir möchten mit unserem Verhalten demonstrieren, dass irgendetwas unfair gelaufen ist. Und dann vergessen wir, den Streik zu beenden. Es ist eine Form des inneren Widerstands, uns etwas zu versagen. Auf diese Weise zeigen wir, dass wir verletzt wurden. Wir sollten uns die Frage stellen, ob wir es »verdient haben«, glücklich zu sein, und weiterhin nach den Ängsten forschen, die in unserem Leben eine Rolle spielen.

Ist Ihr TRAUM wirklich unmöglich?

»Eine Voraussetzung für meinen Traum wäre, dass ich in verschiedenen Teilen des Landes leben könnte!«, berichtete mir ein Klient. »Daher ist er unmöglich.«

Warum sollte es unmöglich sein, zwei Wohnsitze zu haben? Viele Menschen haben das.

Sind Sie wirklich sicher, dass Ihr Traum unmöglich ist?

Ist man gescheitert, wenn man eine Diät abbricht?

Keineswegs. Falls Sie je eine Diät abgebrochen haben, bedeutet dies, dass Sie eine Diät gemacht haben. Das heißt, Sie haben ganz alleine gegen die gesamte Kraft der Evolution angekämpft.

Die Natur schert sich nicht darum, ob wir gut aussehen, und es ist ihr relativ egal, ob unsere Gesundheit durch etwas Übergewicht gefährdet ist. Ihr ist lediglich wichtig, dass wir die nächste Hungersnot lange genug überstehen, um Kinder zu zeugen und sie großzuziehen. Denn der Natur geht es um das Überleben der Spezies und nicht um uns als Individuen.

Wie wir alle wissen, empfiehlt es sich, ein gesundes Gewicht zu erreichen. Aber wir wissen auch, wie unglaublich schwer das ist. Und es ist noch schwieriger, für immer auf Diät zu bleiben. Das schafft fast niemand.

Aber es gibt keinen Grund, sich deswegen schlecht zu fühlen. Tun Sie Ihr Bestes, und wenn Sie hinfallen, versuchen Sie, wieder aufzustehen und das Ganze erneut anzugehen. Dieser Kampf wird sich nie verändern. Er gehört zum Leben an einem Ort mit einem Überangebot an Nahrung dazu.

Sie sollten sich nie schlecht fühlen, weil Sie eine Diät abgebrochen haben. Vielmehr sollten Sie die Tatsache feiern, dass Sie die Natur ein paar Wochen lang ausgetrickst haben, und sich dafür von Menschen loben lassen, die all das verstehen.

SELBST-AUFOPFERUNG

Wessen Leben sollten Sie führen?

Sie haben nur das eine. Andere Menschen zu lieben und ihnen gegenüber großzügig zu sein, wird Ihr Leben bereichern, aber Sie sollten stets darauf achten, nicht an jemandem festzuhängen, der Ihr gesamtes Leben für sich in Beschlag nimmt. In einer engen Beziehung mit einem Narzissten zu sein ist keine gute Idee. Ein solcher Mensch ist nicht in der Lage zu verstehen, welchen Preis Sie bezahlen müssen, um ständig für ihn da zu sein und ihm zu helfen.

Wenn Sie anderen helfen, sollten Sie stets noch genug Zeit, Kraft, Gedanken und Zuspruch für sich selbst übrig haben. Ihr eigenes Leben sollte funktionieren. Außerdem haben Sie einiges zu tun: Sie gestalten, erkunden, entwickeln, lernen und genießen die angenehmen Dinge, die Ihnen entsprechen. Es ist keine gute mathematische Gleichung, wenn eine Person sich opfert, um einen anderen Menschen zufriedenzustellen. Ich glaube nicht, dass ein Mensch auf der Welt ist, damit auf seine Kosten das Leben eines anderen Menschen funktioniert.

Warten Sie nicht zu lange darauf, dass Sie »an der Reihe sind«. Sie haben wichtige Dinge zu tun.

Es ist nicht nötig, an sich **SELBST** zu glauben

Wenn Sie vollkommen von sich selbst überzeugt sind, ist das großartig. Aber wenn es nicht der Fall ist, macht es im Prinzip nichts. Viele Motivationstrainer trichtern uns immer wieder ein, dass wir die ganze Zeit positiv denken, an uns selbst glauben und uns selbst lieben sollten, so als könnten wir einfach einen Schalter umlegen.

Wenn wir unsere Gefühle ehrlich betrachten, dann lieben wir uns selbst manchmal überhaupt nicht. Und in der Regel scheitern wir bei dem Versuch, das zu verändern. So ist es eben.

»Du glaubst einfach nicht genug an dich selbst«, werden andere Ihnen sagen, »du bemühst dich nicht genug.«

Demzufolge sind Sie bereits zwei Mal gescheitert!

Wie wäre es, wenn Sie sich nicht länger auf sich selbst konzentrieren würden, sondern sich auf die Dinge fokussierten, die Sie tun möchten? Anstatt zu versuchen, mithilfe solcher fehlgeleiteten Bemühungen den inneren Widerstand aufzulösen, könnten Sie sich daranmachen herauszufinden, warum er vorhanden ist.

An Schulen auftreten

»Die meisten Jobs gefielen mir nicht«, erzählte mir eine Klientin. »Ich wollte am liebsten auf einer Bühne stehen und ein Ein-Personen-Theaterstück oder Kabarett aufführen. Außerdem macht es mir Spaß, etwas grafisch zu gestalten, und ich schätze Humor. Also beschloss ich, mir selbst eine Möglichkeit für all das zu schaffen: Ich trat in den Aulas von Schulen auf. Die meisten Schulen haben dafür sogar ein Budget.

Die Klientin stellte eine wunderbare Ein-Frau-Show zusammen, von den Requisiten über die Kulissen, bis hin zu einer innovativen Bühnenausstattung. Sie nutzte verschiedene Medien, zeigte eine Diashow, trug eigene Songs vor, verwendete Handpuppen und bezog sogar Freiwillige aus dem Publikum mit ein. In der Show ging es um aktiven Umweltschutz, und sie wurde engagiert, um den Schülern zu vermitteln, wie sie für eine gesunde und saubere Umwelt sorgen konnten.

Sie trat mit dieser einen Show an mehr als 15 Schulen in ihrer Region auf. Und als ich zum letzten Mal von ihr hörte, war sie gerade dabei, ihre Fühler auch in andere Bundesstaaten auszustrecken.

Jemand versucht SIE zu einer Entscheidung zu drängen

Wenn jemand versucht, Sie zu einer Entscheidung zu drängen, sollten Sie nicht mit ihm diskutieren oder sich in irgendeiner Weise darauf einlassen. Ein guter Trick ist, aufmerksam zuzuhören, mit dem Kopf zu nicken, so als stimmten Sie dem anderen möglicherweise zu oder um zu signalisieren, dass Sie das Gesagte zur Kenntnis nehmen.

Sobald der andere fertig ist, sagen Sie: »Das klingt interessant. Ich werde darüber nachdenken.« Und dann sollten Sie das Weite suchen, und zwar schnell.

Kleine ABLENKUNGEN

»Eine Nachbarin von mir geht mir extrem auf die Nerven. Zu den ungünstigsten Zeiten macht sie viel Lärm und außerdem parkt sie schrecklich schlecht ein, wobei ich selbst kein Auto habe, sodass es mir egal sein könnte. Aber es nervt mich! Es macht mich wütend und es lenkt mich davon ab, meine Magisterarbeit zu schreiben.«

Was mich aufhorchen ließ, war die Tatsache, dass meine

Klientin sich darüber aufregte, wie ihre Nachbarin einparkte – über ein Problem also, das nichts mit ihr zu tun hatte. Das ergab keinen Sinn.

Doch so ergeht es vielen von uns. Daher möchte ich Ihnen einen Tipp geben, worauf Sie achten sollten, wenn Sie auf jemanden wütend sind, der im Moment eigentlich nichts Falsches macht – oder gar auf jemanden aus Ihrer Vergangenheit. Aus irgendeinem Grund bekommen Sie diesen Menschen nicht aus Ihrem Kopf. Daher bringen Sie Ihren inneren Widerstand mit dieser Person in Verbindung. Auch meine Klientin hatte ihre innere Abwehrhaltung mit ihrer unangenehmen Nachbarin in Zusammenhang gesetzt, obwohl diese sich ihr gegenüber eigentlich nicht unfreundlich verhalten hatte.

»Warum sollte ich das tun?«, fragte mich meine Klientin.

»Vielleicht, weil Sie Ihre Magisterarbeit nicht schreiben wollen«, antwortete ich. »Vielleicht fällt es Ihnen sehr schwer, und Sie möchten der Arbeit lieber aus dem Weg gehen. Aber dann hätten Sie ein schlechtes Gewissen. Also suchen Sie jemanden, den Sie dafür verantwortlich machen können. Wäre das möglich?«

Wir telefonierten miteinander, daher konnte ich ihr Gesicht nicht sehen, aber ich hatte das Gefühl, dass sie errötete.

Ihre Wut auf ihre Nachbarin schmolz dahin. »Jetzt muss ich mich selbst dafür verantwortlich machen«, sagte sie lachend. »Ich würde die Schuld viel lieber bei jemand anderem suchen.«

»Machen Sie sich nicht zu viele Vorwürfe«, antwortete ich lächelnd. »Unsere inneren Widerstände versuchen uns alle zu verschiedenen Zeitpunkten und aus unterschiedlichsten Gründen an etwas zu hindern. Versuchen Sie einfach, Ihre Arbeit wieder aufzunehmen.«

Wer bestimmt über Ihre
TO-DO-LISTE?

Vielleicht ist es an der Zeit, sich bewusst zu machen, dass Sie Ihre »Ich-möchte-gerne-Liste« nicht länger als »Liste von Verpflichtungen« betrachten sollten. Denn das führt dazu, sich wie ein Versager zu fühlen. Es kann leicht in Vergessenheit geraten, aber schließlich sind Sie diejenige, die diese Liste zusammenstellt, und Sie selbst bestimmen, was darauf steht.

Wenn Sie eine Erledigungsliste nicht abarbeiten, liegt es häufig daran, dass Sie zu viel aufgeschrieben haben. Das klingt zwar logisch, aber wir vergessen es häufig. Sagen Sie sich deshalb Folgendes: »Ich habe nicht etwa aufgegeben oder zu wenig geschafft. Das Problem ist lediglich, dass ich zu viele Dinge auf diese Liste gesetzt habe. Morgen werde ich versuchen, sie zu kürzen.«

Innere Widerstände respektieren

Wenn Sie sich vor einer Aufgabe drücken, obwohl Sie sich ihr gerne widmen würden, sollten Sie hellhörig werden. Sparen Sie sich mögliche Erklärungen, warum es keinen Grund gibt, blockiert zu sein.

Unser innerer Widerstand hat kein offenes Ohr für logische Argumente. Er ist so primitiv wie ein Esel. Falls der innere Widerstand Sie an etwas hindert, sollten Sie ebenso wenig auf ihn einprügeln wie auf einen störrischen Esel … sehen Sie sich stattdessen lieber nach Schlangen um.

Blockaden mit HUMOR überwinden

Vor Kurzem berichtete mir eine Klientin: »Mein größtes Problem ist im Moment meine Doktorarbeit, weil dafür intensive, konzentrierte und detaillierte Arbeit erforderlich ist, doch das Ganze ödet mich sehr an!«

Ich versuchte mir ein paar Lösungen einfallen zu lassen: »Gibt es irgendetwas, das diese wissenschaftliche Arbeit weniger langweilig machen würde? Vielleicht ein Spiel oder eine Fantasie?«

»Ich habe schon so viele Dinge ausprobiert«, antwortete

sie. »Einige haben funktioniert und andere haben nichts gebracht. Jetzt habe ich das Gefühl, keine neuen Tricks mehr auf Lager zu haben. Was die Idee mit dem Spiel oder der Fantasie angeht, das klingt interessant. Aber wie lässt sich das umsetzen?«

Ich wollte die Klientin auf keinen Fall hängenlassen, also ließ ich meiner Fantasie freien Lauf: »Sie haben mir einmal erzählt, dass Sie einige Zitate in den Text mitaufnehmen müssen und das langweilig finden. Könnten Sie daraus vielleicht ein Spiel machen, je nachdem, wie Sie aufgelegt sind? Zum Beispiel könnten Sie einige ziemlich verrückte Zitate erfinden, die Sie zum Lachen bringen. Das funktioniert möglicherweise nicht sehr lange, könnte aber eine Weile ganz lustig sein.

Oder Sie denken sich verrückte Mini-Preise für kleine Etappenziele aus. Nach dem Motto: ›Wenn ich es schaffe, vier von diesen langweiligen Zitaten einzubauen, tanze ich Ballett durch das ganze Haus, bis hinaus auf die Veranda, wo die Nachbarn mich sehen können – vielleicht sogar in meinem Nachthemd. Oder ich öffne die Fenster und singe zur Belohnung die erste Arie für Tenor aus La Bohème.‹«

In der Hoffnung, meine Klientin zu amüsieren, fuhr ich fort: »Sie können sich auch versprechen, zur Belohnung schräge Klamotten aus Ihrem Kleiderschrank anzuziehen, die Sie schon immer einmal wegwerfen wollten, und damit zum Supermarkt gehen. Oder Sie zeichnen Ihre Zitatgeber als Comicfiguren. Ach, es gibt endlos viele Möglichkeiten!«

Meine Klientin musste herzhaft lachen und ließ sich daraufhin einige noch lustigere Beispiele einfallen. Und das lockerte die Atmosphäre für sie etwas auf. Es zehrt an unseren Kräften, wenn wir gelangweilt sind, denn öde Arbeiten zu verrichten ist sehr mühsam. Manchmal kann eine durchgeknallte Fantasie die Situation für eine Weile etwas entspannen.

Es gibt kein Gesetz dagegen, und es könnte Spaß machen. ☺

WILLENSKRAFT

Ich bin kein Fan von Willenskraft. Denn es heißt nichts anderes, als gegen all die eigenen Impulse anzugehen, die uns auffordern, das Tempo zu drosseln oder mit etwas aufzuhören. Darüber hinaus gehört die Willenskraft offenbar zu der Form von arrogantem Denken, das uns immer wieder vermittelt wird. Demnach können wir angeblich alle allzu menschlichen Regungen und Gefühle beherrschen und wissen mehr über unsere eigene Natur als die Natur selbst.

Ich kenne einige Menschen mit einer sehr starken Willenskraft. Sie alle hielten jahrelang an etwas fest, wozu sie sich entschlossen hatten, bevor sie erkannten, wie unglücklich sie waren, weil sie nicht das Richtige taten. Als sie schließlich damit aufhörten, bereuten sie lediglich, es nicht schon Jahre vorher getan zu haben.

Aber wie sieht es bei Dingen wie Haushaltspflichten und ähnlichen Aufgaben aus? Diese sollten Sie tatsächlich erledigen. Aber es ist nicht der richtige Weg, es mit Willenskraft zu tun. Zum einen funktioniert dies nur selten. Und zum anderen ist es einfach zu schwierig. Suchen Sie sich stattdessen jemanden, der Ihnen Gesellschaft leistet, der mit Ihnen zusammenarbeitet, sodass die Bürde leichter wird. Mithilfe eines anderen Menschen verändert sich die Situation, und notwendige Arbeiten lassen sich eher umsetzen.

GLÜCK:
Männer versus Frauen

Möchten Sie so gut wie alles aus einer neuen Perspektive betrachten? Dann nehmen Sie in der Vorstellung eine Geschlechtsumwandlung vor. Versetzen Sie sich in das andere Geschlecht hinein und beobachten Sie, wie die Dinge auf Sie wirken.

Ich habe einmal einen Workshop zum Thema »Wie wird man Unternehmer?« durchgeführt, der sehr viel Spaß gemacht hat. Ich forderte die Teilnehmer auf, Gruppen von fünf bis sechs Leuten zu bilden und sich jeweils im Kreis zusammenzusetzen. Dann sollten sie sich vorstellen, wie es wäre, drei verschiedene Unternehmen zu gründen. Sie sollten beschreiben, wie es sich für sie anfühlte, ein Fabrikant zu sein (dazu gehörte unter anderem die Herstellung von Buttertoffees, die an die örtliche Bäckerei verkauft werden sollten), ein Einzelhändler (jemand, der in einem Geschäft arbeitete und anderen Leuten unterschiedliche Waren verkaufte) sowie ein Dienstleister (das konnte alles Mögliche sein, angefangen von einem Arzt, über einen Automechaniker bis hin zu einem Coach).

Die Übung machte den Teilnehmern Spaß. Dann wies ich sie folgendermaßen an: »Gehen Sie in der Fantasie nun erneut die drei Gruppen durch, über die sie sich ausgetauscht haben, aber verändern Sie dieses Mal Ihr Geschlecht. Wenn Sie ein Mann sind, sollten Sie so tun, als wären Sie eine Frau. Und umgekehrt.«

Nach dieser Übung bat ich die Teilnehmer, dem Plenum zu berichten, ob sie auf etwas Überraschendes gestoßen waren. Es gab viele Wortmeldungen, aber ein paar davon stechen in meiner Erinnerung besonders hervor.

Eine Frau berichtete (und viele andere Frauen nickten dabei zustimmend): »In der ersten Übung sagte ich, dass ich gerne einen Lieferservice betreiben würde, um Waren in Wohngegenden auszuliefern. Aber als ich so tat, als wäre ich ein Mann, veränderte sich alles! Das Unternehmen wurde größer! Ich wollte eine ganze Flotte von Lkws besitzen und eigene Warenlager haben. Das war sehr spannend.«

Und dann bat ich die Männer, ihre Erfahrungen zu schildern. Anfangs flachsten sie viel herum. Einer erzählte, dass er gerne Büstenhalter produzieren wolle und brachte damit den ganzen Raum zum Lachen. Aber ein anderer sagte etwas sehr Verblüffendes und Unerwartetes: »Wenn ich eine Frau wäre, würde ich tun, was ich tun möchte, und nicht, was ich tun muss.«

Man könnte natürlich entgegnen, dass auch die meisten Frauen tun, was sie tun müssen. Aber diese Männer gehörten der ersten oder zweiten Generation an, in der auch Frauen vermehrt auf dem Arbeitsmarkt in Erscheinung traten. Und sie wollten zum Ausdruck bringen, dass sie als Männer in dieser Zeit darüber nachdenken mussten, mit welcher Arbeit sie eine Familie erfolgreich ernähren konnten. Fast keiner von ihnen war der Meinung, sich eine Arbeit primär danach aussuchen zu können, ob sie ihn interessierte oder persönlich erfüllte.

Die Teilnehmerinnen des Workshops waren damals ziemlich schockiert über diese Aussage. Ich frage mich, ob sich seitdem grundsätzlich etwas verändert hat. Was meinen Sie?

Können Sie nur eine SACHE tun?

Sie müssen kein multitalentierter Scanner sein, um sich für viele Dinge zu begeistern. Wo ist also das Problem? Sie machen eine Sache, um Ihre Miete zu bezahlen, und eine andere, um Ihrer Seele etwas Gutes zu tun. Das kann ein großartiger Lebensstil sein. Ich kenne einen Fotografen, der ein glückliches Leben führt, seitdem er erkannte, dass er neben dem Job genug Zeit hat, um seine Fotos in der Freizeit zu machen. »Ich dachte, ich müsste mich meiner Fotografie hauptberuflich widmen, aber das stimmt nicht. Im Gegenteil. Es würde nur einen Druck erzeugen, der für die Fotografie nicht förderlich wäre.«

Wir müssen nicht aus jeder Tätigkeit einen Beruf machen, und wir können stets mehr als nur eine Sache tun.

Ungewöhnliche Jobs (1)

Eine Klientin von mir lebt in einem Vorort von New York, wo sie Kindern nach der Schule das Schachspielen beibringt. Überdies leitet sie die Schachturniere der Kinder. »Ich liebe diese Arbeit! Im Sommer habe ich immer frei«, erklärte sie mir.

Das klingt nach einem großartigen Job.

Interessante Jobs

»Ich bin Office-Managerin bei einem renommierten Bauunternehmen, das Häuser renoviert. Was macht eine Office-Managerin? Nun, so ziemlich alles – ich nehme Anrufe entgegen, suche nach Subunternehmern, bestelle Materiallieferungen und unterstütze meine Kollegen bei diesem und jenem. Im Grunde kümmere ich mich im Büro um alles, worum eine Mutter sich kümmern würde! Und als Mutter habe ich viel Erfahrung, daher passt der Job perfekt für mich.«

GEFÜHLE

Wenn Sie Angst vor Ihren Gefühlen haben, werden Sie nie in der Lage sein, Ihre inneren Widerstände zu überwinden. Ihre Gefühle sind die Ursache Ihres Widerstands, und die einzige Möglichkeit, um diesen in den Griff zu bekommen, besteht darin, sich mit Ihren Gefühlen zu befassen.

Abwechslungsreiche BERUFE

Eine Seminarteilnehmerin hat mir vor Kurzem Folgendes erzählt:

»Es bedeutet mir viel, für gemeinnützige Organisationen zu arbeiten. Ich habe als Assistentin des Direktors des Symphonieorchesters in meiner Heimatstadt angefangen und bekam auf diese Weise Einblick in den Nonprofit-Sektor. Da die meisten Organisationen in diesem Bereich sehr wenig Personal haben, war ich in gewisser Weise Mädchen für alles. Ich übernahm Teile des Marketings, kümmerte mich um die Instandhaltung und betreute zum Teil sogar die Mitglieder des Orchesters.

Je mehr ich im Nonprofit-Bereich arbeitete, desto besser gefiel es mir. Außerdem stellte ich fest, dass ich viele Dinge gut konnte, was mir vorher nicht bewusst gewesen war. Schließlich wurden Fördergelder frei, und ich wurde als Salesmanagerin fest angestellt. Mittlerweile bin ich verantwortlich für das Online-Marketing für mein Orchester!«

Wenn Sie versuchen, Ihre Gefühle zu kontrollieren

Wenn Sie versuchen, positiv gestimmt zu sein, obwohl Sie gerade verärgert sind oder mit Ihren Gefühlen kämpfen, ist das eine sehr schlechte Idee. Unsere Gefühle sind aus einem guten Grund vorhanden. Sie zeigen uns, was in unserem Inneren los ist, und wir sollten ihnen Beachtung schenken.

Suchen Sie einen Ort auf, an dem Sie ungestört sind, und hören Sie in sich hinein: Sind Sie wütend? Verletzt? Haben Sie Angst davor, glücklich zu sein? Falls dem so ist, sollten Sie sich nicht zwingen, etwas anderes zu empfinden. Wenn Sie nicht wissen, was Sie fühlen, wissen Sie nicht, was Sie wollen. Sie sollten Ihre Gefühle respektieren und sie, falls nötig, zum Ausdruck bringen.

Das heißt nicht, dass Sie jemanden anschreien können, nur weil Sie wütend sind. Sie sollten in einem solchen Fall an einen ruhigen ungestörten Ort gehen und Ihre Wut zulassen, bis Sie sich wieder beruhigt haben.

Versuchen Sie nicht, Ihre Gefühle zu manipulieren. Sie sind Ihre Wegweiser. Sie sind zwar nicht immer richtig, aber diese Signale sind stets wichtig.

KRITIKERN
AUS DEM WEG GEHEN

Warum rennen wir mit einer wunderbaren Idee sofort zu unseren größten Kritikern – die sie gleich abschießen werden? Es liegt daran, dass wir unsere Kritiker nicht verstehen. Wir meinen, unsere Ideen seien nicht gut genug und würden deshalb von den anderen nicht befürwortet.

Doch in Wahrheit lehnen Kritiker unsere guten Ideen häufig aus Prinzip ab und versuchen sie kleinzumachen. Daher sollten wir vorsichtig sein, wem wir unsere Lieblingsideen verraten, und nicht versuchen, unsere Kritiker zu überzeugen. Sie wollen nicht überzeugt werden.

Innere Widerstände auflösen

Können Sie ein bestimmtes Projekt nicht in Angriff nehmen? Engagieren Sie einen Assistenten, erzielen Sie den Durchbruch, indem Sie ein Team zusammenstellen.

Haben Sie Probleme damit, ein Projekt abzuschließen? Machen Sie einen Kurs, suchen Sie sich einen Coach oder finden Sie einen Weg, um Ihr Projekt jemand anderem zu vermitteln.

Wenn nichts funktioniert, weil Ihr innerer Puritaner zu streng mit Ihnen ist, brauchen Sie ein heilsames Umfeld. Und das nicht nur einmal, sondern Monat für Monat. Suchen Sie sich einen Rahmen, wo die Menschen freundlich miteinander umgehen (es gibt viele solche Gruppen, von Abnehmgruppen bis hin zu Schreibclubs). Beginnen Sie Ihre Suche im Internet, wenn Sie nicht wissen, wo sie sonst anfangen sollen.

Kümmern Sie sich um all die Dinge, die nötig sind, um sich von inneren Widerständen zu befreien. Das gehört zu den weisesten Maßnahmen, die Sie umsetzen können. Sie werden feststellen, wie befreiend das ist und wie gut Ihr wahres Ich sich auf diese Weise neu entfalten kann.

Gefangen in einem **Streit**

Falls Sie in einen Streit verstrickt sind, bei dem der andere sich Ihnen gegenüber unfair verhält, sollten Sie sich beruhigen, einen Schritt zurücktreten und die Situation betrachten. Wahrscheinlich sind Sie jemandem in die Falle gegangen, der Sie manipuliert. Vielleicht will der andere ständig recht haben. Oder er will einfach mit Ihnen streiten, damit Sie nicht glücklich sind. Wir Menschen tun manchmal Dinge, die wir nicht verstehen.

Doch wenn Sie den anderen zu dem Eingeständnis bringen wollen, dass Sie recht haben, sind Sie in eine Falle getappt. Geben Sie Ihr Ziel auf. Sie müssen nicht gewinnen, Sie sollten in erster Linie die Kontrolle über Ihr eigenes Leben behalten.

Einen kreativen Geist entwickeln

Es ist an der Zeit zu erkennen, dass der menschliche Geist nicht wie etwa ein Bizeps durch tägliches Training aufgebaut wird. Auch kreative Ideen lassen sich nicht erzwingen. Sie haben ein Eigenleben. Studien zeigen, dass viele der beeindruckendsten Ideen entstanden, als ihr Urheber gerade mit etwas völlig anderem beschäftigt war. Respektieren Sie Ihren eigenen Rhythmus.

RUHM UND EHRE

Was sind sie wert?

Ich habe einmal eine Geschichte gelesen, die mir stets in Erinnerung geblieben ist. Albert Einstein und Charlie Chaplin, zu ihrer Zeit zwei der berühmtesten Menschen der Welt, fuhren einmal in einer Limousine zu einer Premiere eines der letzten Filme Chaplins. Die Fans drehten durch. Sie klebten an den Scheiben und kletterten übereinander, um einen Blick durch die Wagenfenster zu erhaschen.

Einstein fragte verblüfft: »Was hat das zu bedeuten?«

»Es bedeutet nichts. Absolut nichts«, erwiderte Chaplin.

Wie sieht es bei Ihnen aus? Wird man Sie eines Tages wegen Ihrer Arbeit bejubeln? Das ist sehr gut möglich. Wenn Sie eine Arbeit, die Sie begeistert und erfüllt, lange genug machen, werden andere diese wahrscheinlich brillant finden. Und Sie haben das Kompliment dann auch verdient.

Paradoxerweise können Sie bei Ihrer Arbeit allerdings erst dann zur Höchstform auflaufen, wenn Sie nicht länger an Ruhm und Ehre denken. Und falls sie Ihnen später zuteilwerden, wird das für Sie nur noch eine geringe Rolle spielen. Solange Sie Ihr Leben und/oder Ihre Arbeit um ihrer selbst willen schätzen, werden Sie den Applaus als ein entferntes Tosen empfinden, das durch ein geschlossenes Fenster an Ihre Ohren dringt.

Lassen Sie sich von niemandem erzählen, wer Sie sind

Vermeiden Sie den Gleichschritt gedankenloser Konformität, wenn Sie Ihre wahren Träume verwirklichen möchten. Lassen Sie sich von niemandem vorschreiben, wer Sie sind oder wer Sie sein sollten.

Enttäuschen Sie sich selbst nie, indem Sie etwa Ihre Träume vergessen!

ANGSTGEFÜHLE

Die meisten Menschen machen sich die folgende Erkenntnis nicht bewusst: Angst ist fast immer die Angst vor einem dieser drei Gefühle: Leid, Wut oder Glücksempfinden. Sobald wir die Emotion, vor der wir Angst haben, erkennen und zum Ausdruck bringen, verschwindet die Angst.

Vier
Gefühle

Sie sollten noch etwas über die vier Grundgefühle wissen: Die meisten von uns haben ein bevorzugtes Gefühl (Ihres könnte zum Beispiel das Glücksgefühl sein). Doch wir kennen auch Menschen, die anders sind, wie zum Beispiel manche Chefs, die offenbar vorwiegend wütend sind und eine aggressive Ausstrahlung haben.

Wir alle haben ein bevorzugtes Gefühl und diesbezüglich eigentlich keine Wahl. Wenn es jedoch sein muss, sind wir bereit, noch zwei weitere Gefühle zuzulassen (wenngleich wir es lieber nicht täten).

Aber eins der vier Gefühle können wir absolut nicht ausstehen und vermeiden es, sobald wir nur die kleinste Gelegenheit dazu haben. Wir sollten uns bewusst machen, welche Rangfolge die vier Grundgefühle bei uns haben, denn jedes Gefühl schickt uns eine wichtige Botschaft.

Wann haben wir etwas »überwunden«?

Ich bin mir nicht sicher, ob wir Dinge, die einen großen Einfluss auf unser Leben hatten, je überwinden. Aber es genügt bereits, unsere Gefühle auf ein bestimmtes Niveau zu bringen, damit sie unser Leben nicht ständig durcheinanderbringen. Sie werden hin und wieder auftauchen. Allerdings verschwinden sie in der Regel nach einer Weile wieder in der Versenkung. Nur gelegentlich kehren sie zurück. Vielleicht sagen Sie alle fünf Jahre zu sich selbst: »Ach je, ich dachte, das wäre endgültig vorbei.«

Das Gefühl ist schwach genug, um Ihnen nicht mehr in die Quere zu kommen. Und das genügt.

Mein TRAUM ist unmöglich

Wenn Menschen mir erzählen, sie wüssten nicht, was sie wollen, hake ich nach und stelle in der Regel fest, dass sie durchaus wissen, was sie wollen. Sie nehmen lediglich an, es sei unmöglich. In neun von zehn Fällen kennen sich die Betroffenen in dem Bereich, der ihnen Spaß macht, nicht gut genug aus, um beurteilen zu können, was möglich oder unmöglich ist:

»Mein Traum ist unmöglich, weil ich ein großes Risiko eingehen müsste«, heißt es dann zum Beispiel. Aber das stimmt nur selten. Behalten Sie Ihren Job und finanzieren Sie sich Ihre Erkundungsprojekte. Ich bezeichne so etwas als Subvention für die Kunst.

Andere Leute sagen: »Mein Traum ist unmöglich, weil es Jahre dauern würde, bevor ich meinen Job kündigen/meinen Abschluss machen könnte/bevor ich genug Geld hätte etc., etc.« Beherzigen Sie meinen Rat: Beginnen Sie mit kleinen Schritten, aber fangen Sie jetzt an. Noch heute Abend.

Erster Schritt: Besorgen Sie sich mehr Informationen.

Zweiter Schritt: Verbringen Sie Zeit mit den richtigen Leuten.

Dritter Schritt: Sammeln Sie stets weitere Informationen und finden Sie heraus, wen Ihre Freunde kennen.

Wenn Sie glauben, Sie müssten ein großes Risiko eingehen, um Ihr Leben zu verändern, wird das Ganze so beängstigend, dass Sie nicht in der Lage sein werden, es umzusetzen – und das ist wahrscheinlich auch gut so!

Beginnen Sie mit kleinen Schritten. Fangen Sie jetzt an. Gehen Sie kein Risiko ein. Beobachten Sie, was passiert.

Ein Trick, um LOSZULEGEN

Falls Sie sich um ein Projekt herumdrücken, das Sie wirklich gerne in Angriff nehmen würden, empfehle ich Ihnen einen Trick, den ich mir ausgedacht habe: Ich konzentriere mich auf den kleinsten, angenehmsten Teil des Projekts und setze ihn um.

Wenn ich gerne zum Joggen gehen möchte, aber genau weiß, dass ich es nicht tun werde, stehe ich auf und renne ein paar Sekunden auf der Stelle. Wenn ich ein leeres Blatt Zeichenpapier vorbereitet habe, auf dem ich eigentlich gerne etwas zeichnen würde, streiche ich mit den Händen über das Papier und mache mit dem Bleistift ein paar Striche. Wenn ich nicht Klavier üben will, setze ich mich hin, um ein paar Sekunden lang eine Melodie zu spielen, die ich sehr gerne mag.

Solche kleinen Schritte erinnern uns daran, wie gut uns die Tätigkeit gefällt, die wir vermieden haben. Auf diese Weise können wir unsere Blockade häufig regelrecht durchbrechen und mit unserem Projekt loslegen.

Perfektionismus führt in eine SACKGASSE

Wenn Sie von anderen abgelehnt werden, hat das eine viel größere Wirkung, als wenn Sie angenommen werden. Je sensibler Sie sind, desto schlimmer ist es für Sie. Und wenn Sie in Ihrer Kindheit für jemanden häufig nicht gut genug waren, trifft Sie Kritik heute immer noch sehr tief. Das setzt eine Maschinerie für ein anderes Drama in Gang.

Allerdings bedeutet das auch, dass Sie sich für eine perfekte Leistung lediglich die Note 3 geben würden – also eine durchschnittliche Bewertung. Perfektionismus befriedigt Sie daher nicht. Sie sind lediglich vorübergehend außer Gefahr. Es gibt für Sie also keine Möglichkeit, eine Eins mit Stern zu erzielen. Denn Sie müssen in jedem Fall perfekt sein, und die kleinste Schwäche bedeutet, dass alles verloren ist. In beiden Fällen haben Sie es sehr schwer.

Blockiert durch eine schwierige
BEZIEHUNG

»Mein Mann hat mir immer alles ausgeredet«, berichtete mir eine Klientin. »Ich wusste nicht mehr, wer ich war, ja, was meine Träume waren und wie ich sie realisieren könnte. Ich erklärte meinem Mann, dass er sich verändern müsse, aber er verstand nicht, wovon ich sprach. Ich dachte, ich müsste ihn verlassen, um irgendetwas tun zu können, was mich interessierte.

Doch dann wurde mir klar, dass ich meinen Traum auch ohne seine Zustimmung verwirklichen konnte. Mit kleinen Schritten, ohne es an die große Glocke zu hängen. Also bildete ich mich zur Informationsspezialistin weiter. Ich bekam so viel Anerkennung für meine Recherchen, und es kamen so interessante Leute zu mir, die mich um Rat fragten, dass mein Mann seine Haltung um 180 Grad veränderte und mich sogar bewunderte. Er hätte gerne, dass ich bei ihm im Büro arbeite. Das bedeutet ein großes Kompliment für ihn. Aber ich mache lieber weiterhin mein eigenes Ding. Es gefällt mir, einen Bereich zu haben, der ganz mir gehört. Aber natürlich darf er mich jederzeit gerne besuchen.«

Chronische Probleme

Haben Sie ein Problem, das einfach nicht verschwindet? Kämpfen Sie zum Beispiel ständig mit Ihrem Gewicht, sind Sie chronisch unordentlich, unpünktlich oder reagieren Sie immer wieder zu unbeherrscht? Oder treten Sie nie für sich selbst ein, obwohl Sie das tun sollten? Egal wie oft Sie versuchen, etwas zu verändern, es funktioniert nie lange?

Es gibt einen sehr guten Grund dafür: Chronische Probleme sind in Wirklichkeit Lösungen für schlimmere Probleme!

Ja, Sie haben richtig gelesen. Mit einer Klientin habe ich dazu eine Übung durchgeführt. Ich forderte sie auf, ihre Augen zu schließen und sich vorzustellen, ihr Körper wäre so dünn, wie sie ihn sich wünschte. Überrascht riss sie die Augen auf. »Mir ist gerade klar geworden, dass meine Familie mich – selbst wenn ich schlank gewesen wäre – trotzdem nicht akzeptiert hätte oder mir liebevoll begegnet wäre«, sagte sie. »Ich dachte immer, es sei meine Schuld und dass sie mich mehr lieben würden, wenn ich besser aussähe. Aber ich habe gerade erkannt, dass es überhaupt nicht stimmt!«

Wenn Sie wirklich unordentlich sind, sollten Sie sich vorstellen, Sie wären extrem ordentlich. Beobachten Sie, welch überraschende Wahrheit ans Licht kommt. »Ich wäre wie meine allzu perfekte Schwester«, sagte eine Klientin, die diese Übung machte. »Sie war immer besser als ich und hat alles richtig gemacht. Ich konnte lediglich versuchen, es ihr gleichzutun, was unmöglich war, oder mich für das genaue Gegenteil entscheiden. In Wirklichkeit hasse ich es, unordentlich zu sein. Es ist chaotisch und ungemütlich. Ich muss einen Weg finden, etwas für mich selbst zu tun, und meine Schwester vergessen.«

Viele Menschen, die zu schnell aus der Haut fahren, befürchten, dass sie weinen werden. Menschen, die zu wenig für sich selbst eintreten, geben vor, höflich zu sein, aber in Wirklichkeit möchten sie andere nicht so tyrannisieren, wie ihr Vater es zu tun pflegte.

All diese Probleme, so lästig sie auch sein mögen, sind Reaktionen auf noch schmerzlichere Probleme. Doch wenn Sie sich erlauben, Ihre Verletzungen wahrzunehmen, werden Sie in der Lage sein, Ihr Leben auf eine authentischere Weise zu führen, die Ihnen mehr entspricht. Sie werden nichts mehr tun müssen, um dem Wunsch anderer Leute zu entsprechen. Trauen Sie sich, das zu spüren, was Sie spüren müssen, um ein chronisches Problem zu überwinden. So erobern Sie sich Ihr Leben zurück.

Was ist für Ihr
GLÜCK
unabdingbar?

Wenn Sie darüber nachdenken, wie Sie gerne leben würden, werden Ihnen einige nette Ideen einfallen – am Meer wohnen, selbstständig arbeiten usw. Aber die wichtige Frage ist nicht, was schön wäre, sondern was Sie brauchen. Was ist nicht verhandelbar, wenn Sie mit Ihrem Leben vollkommen zufrieden sein möchten?

Es gibt einige Sachen, die tatsächlich ganz nett wären, und es gibt solche, die nur zusätzliche Extras sind. Sie sollten Ihre Prioritätenliste auf ein Minimum reduzieren, sodass die Dinge übrig bleiben, ohne die Sie nicht glücklich sein können.

Und diese Dinge sollten zuerst und so schnell wie möglich ein Teil Ihres Lebens werden. Eine solche Veränderung verleiht Ihnen rasch die nötige Energie, um die restlichen Projekte ebenfalls umzusetzen.

Ich wünsche Ihnen viel Spaß dabei!

Haben Sie einen HINWEIS bereits gelesen?

Wie Sie sicherlich bereits festgestellt haben, thematisiere ich in diesem Buch manche Dinge, über die Sie nachdenken können, mehr als ein Mal. Früher habe ich versucht, Wiederholungen zu vermeiden. Doch dann erklärten die Teilnehmer eines Seminars mir, ich solle wichtige Dinge ruhig wiederholen, da es wichtig sei, daran zu erinnern.

»In der prägendsten Zeit meines Lebens wurden mir immer wieder Negativbotschaften eingetrichtert, daher sollte ich immer wieder an Ihre positiven Botschaften erinnert werden. Je öfter ich sie höre, desto größer ist die Chance, dass sich in meinem Denken etwas verändert.«

Solche Kommentare bewegten mich sehr. Die Workshop-Teilnehmer forderten mich auf, die falschen und schädlichen Botschaften zu entkräften, die sie die meiste Zeit ihres Lebens empfangen hatten, wie zum Beispiel:

- Du bist nie gut genug – versuche daher stets, dich zu verbessern.
- Mache ein freundliches Gesicht und sei stets optimistisch, sonst vermasselst du dir dein Leben, aber schenke den Dingen, die dir Spaß machen, nicht weiter Beachtung, denn darum geht es nicht im Leben.
- Glücklich zu sein ist nicht das Wichtigste im Leben.
- Wahres Glück stellt sich nach harter, unangenehmer Ar-

beit ein. Also beiß die Zähne zusammen und arbeite stets noch härter.
- Versuche, der Erste zu sein, aber stelle deine eigenen Bedürfnisse zurück. Heische nicht wie alle anderen Menschen nach Wertschätzung und Anerkennung.
- Arbeite stets deine To-do-Liste ab.

Dies ist nur eine kurze Aufzählung. Es gibt natürlich zahlreiche Varianten solcher Botschaften.

Ich wäre bereit, Sie Tag und Nacht daran zu erinnern, sich Ihr einzigartiges, wertvolles Leben zurückzuerobern, all die schlecht durchdachten Regeln über Bord zu werfen und mit Freude und einem Gefühl der Unabhängigkeit zu leben.

Negativität ist in Ordnung

Wir werden häufig dazu angehalten, keine negative Einstellung zu haben, aber Sie wissen, dass ich anderer Meinung bin. Meiner Ansicht nach ist es in Ordnung, pessimistisch zu sein, wenn das der eigenen Stimmung entspricht. Und wenn man positiv gestimmt ist, macht es Spaß, etwas herumzuunken.

Geldverdienen mit Schlange stehen?

Vor Kurzem habe ich einen interessanten Artikel über ein Unternehmen gelesen: Die Mitarbeiter stellen sich für andere Menschen an, die keine Zeit dafür haben. Die Firma beschäftigt Leute, die – häufig die ganze Nacht lang – Schlange stehen, zum Beispiel, um Tickets für beliebte Theaterstücke und Musicals zu bekommen.

Häufiger zu finden, wenngleich etwas weniger glamourös, sind Jobs, wo man sich anstellt, um Waren in Empfang zu nehmen, die per Schiff aus Übersee geliefert werden. Es kann viele Stunden dauern, bis ein Lieferwagen mit der Fracht beladen werden kann. Aber jemand muss vor Ort sein, um zu reagieren, wenn es so weit ist.

Ich kenne eine Frau, die einen solchen Job hat und begeistert davon ist, weil sie so gerne liest. Während sie wartet, kann sie das stundenlang tun.

Was macht einen guten CHEF aus?

Gute Chefs sind selten, daher wissen Sie möglicherweise nicht, worauf Sie achten sollten. Wer einen guten Chef hat, ist sich dessen in der Regel bewusst. Aber falls Sie dieses Glück nicht haben, ist Ihnen vielleicht nicht klar, was Sie vermissen. Deshalb möchte ich Ihnen den folgenden Kommentar eines Lesers dazu nicht vorenthalten:

»Vor etwa sieben oder acht Jahren sagte mein Chef mir beim jährlichen Mitarbeitergespräch, dass er meine Arbeit großartig fand. Zudem gab er mir einige Ratschläge, was ich tun konnte, um die nächste Stufe auf der Karriereleiter zu erreichen. Er gab mir Bücher und CDs für zu Hause mit und unterstützte mich generell.

Dieser Chef war einer der besten Kollegen, die ich je hatte. Er erkannte, über welche Stärken jedes Teammitglied verfügte. Zudem wies er uns darauf hin, wenn wir einen Fehler gemacht hatten (allerdings nie vor anderen Leuten), stets mit dem Ziel, uns wieder auf die richtige Spur zu bringen, und mit der Aufforderung verknüpft, Lösungen für das entsprechende Problem zu finden. Nach dem Motto: ›In Ordnung, was können wir in dieser Situation tun?‹

Es war eine wunderbare Arbeitserfahrung!«

Der Unterschied zwischen »müde« und »ausgelaugt«

Am Ende einer telefonischen Sitzung entschuldigte meine Klientin sich indirekt dafür, dass sie mir so traurige Dinge erzählt hatte. »Es tut mir leid, wenn ich Sie in unserer Stunde ausgelaugt habe«, sagte sie.

Ich dachte darüber nach und erkannte etwas, das ich mir bisher nicht klargemacht hatte: Mit Menschen zusammenzuarbeiten ist für mich nur selten ermüdend und fast immer interessant. Gelegentlich strengt es mich etwas an, wenn wir intensiv daran arbeiten müssen, bestimmte Dinge zu ergründen, die sehr wichtig sind.

Doch »ausgelaugt zu sein« ist etwas vollkommen anderes. Mir wurde bewusst, dass wir uns nur ausgelaugt fühlen, wenn wir gegen einen inneren Konflikt ankämpfen.

Wenn wir gegen uns selbst kämpfen, wenn unsere eigenen Gedanken uns Kopfzerbrechen bereiten, kann uns das stark auszehren. Mir ergeht es nur selten so, und bei Coachingsitzungen geschieht es nie. Allerdings habe ich es angesichts bestimmter familiärer Probleme bereits erlebt. Sobald ich das Problem benennen und einordnen kann, bin ich in der Lage, besser damit umzugehen.

Diese Gedanken wollte ich Ihnen nicht vorenthalten.

ZEHN SEKUNDEN PRO TAG

Es ist sehr wichtig, mindestens zehn Sekunden pro Tag das zu tun, was Sie von Herzen gerne machen. Wenn Sie einen Roman schreiben wollen, dann schreiben Sie eine Zeile pro Tag. Oder lesen Sie eine Zeile pro Tag! Wenn Sie singen möchten, aber meinen, Sie seien nicht gut genug, sollten Sie ins Auto steigen (oder unter die Dusche gehen) und zehn Sekunden lang singen.

Es gibt einen biologischen Grund, warum Sie diesen Rat befolgen sollten. Selbst wenn Sie keine Zeit haben, um sich diesen Tätigkeiten eine Weile zu widmen, sollten Sie sich die Verbindung dazu bewahren. Lassen Sie Ihre kreativen Leitungen nicht verrosten, sonst schaden Sie sich selbst. Wenn Sie meinen, Sie hätten keine Möglichkeit, um Ihr Projekt umzusetzen, weil es Ihnen an Geld, Zeit und Talent mangelt, sollten Sie sich zehn Sekunden pro Tag damit beschäftigen. Das kostet nichts und es erhält den Wunsch danach am Leben. Selbst wenn Sie Ihre Meinung ändern und etwas anderes tun möchten, sollten Sie sich Ihrem neuen Projekt jeden Tag zehn Sekunden lang widmen.

Das hat eine sehr große Wirkung. Nur zehn Sekunden pro Tag. Probieren Sie es aus.

»TU ES EINFACH!«

Wenn wir zögern, etwas zu erledigen, sollten wir nach vorherrschender Meinung zu uns selbst sagen: »Tu es einfach!« Als ob sich dadurch irgendetwas ändern würde. Der innere Widerstand hindert uns daran vorwärtszukommen, und wenn wir uns mit den Worten »Tu es einfach« motivieren wollen, geraten wir in einen Ringkampf, den wir nicht gewinnen können.

Der innere Widerstand ist stärker als wir. Es handelt sich um einen primitiven, mächtigen Überlebensmechanismus. Durch einen Kampf können wir ihn nicht besiegen, doch wir sind klüger und können ihn daher austricksen. Wenn wir ihn davon überzeugen können, dass keine Gefahr besteht, wird er sich auflösen und uns in Ruhe lassen! Daher sollten wir manchmal am besten sagen »Ich kann das nicht«, dann den Mund halten und uns der Aufgabe einfach widmen.

Wenn wir Wutgefühle unterdrücken, legen wir unseren Körper lahm. Wir werden müde und fühlen uns matt. Wir haben keine Lust, zum Tanzen oder Joggen zu gehen. Wenn wir die Wut dagegen rauslassen, kehrt unsere Energie plötzlich zurück, und häufig müssen wir dann sogar lachen.

Von wegen WILLENSKRAFT

Vielleicht habe ich einfach weniger Willenskraft als andere Menschen. Aber mir ist immer wieder aufgefallen, dass alle Leute ihre Diäten abbrechen, wenn sie versuchen, diese allein mit Willenskraft durchzuhalten.

»Wie haben Sie es geschafft, sechs Bücher zu schreiben?«, bin ich in diesem Zusammenhang des Öfteren gefragt worden. Die ehrliche Antwort darauf lautet: Die Verlage hatten mir einen Vorschuss bezahlt, und ich befürchtete, dass sie ihr Geld zurückhaben wollten, falls ich die Bücher nicht abschloss. Dabei hatte ich es bereits ausgegeben. So viel also zum Thema Willenskraft.

Das Finanzamt findet ebenfalls einen Weg, uns dazu zu bringen, unsere Steuern zu bezahlen. Und als wir in der Schule waren, haben wir irgendwie auf unsere Prüfungen gelernt. Irgendwie haben wir es auch geschafft, ein paar Aufsätze zu schreiben.

Am zielführendsten ist es, wenn wir uns bewusst machen, auf welche Weise etwa das Finanzamt oder die Lehrer uns dazu gebracht haben, unsere Aufgaben zu erledigen. Und wenn wir es erkannt haben, sollten wir versuchen, etwas daraus zu lernen. In der Regel lautet die Antwort auf diese Frage: Wir bekommen es aufgrund unserer persönlichen Verantwortung hin. Denn irgendwo wartet jemand darauf, dass wir unsere Zusage einhalten. Nach meiner Erfahrung funktioniert das fast immer.

Das habe ich bereits ÜBERWUNDEN

»Warum kommen bestimmte Dinge aus der Vergangenheit immer wieder hoch, obwohl ich bereits intensiv versucht habe, sie zu verarbeiten?«, fragen mich Klienten immer wieder. »Ich habe die Ursachen für meine Probleme erkannt, aber trotzdem verschwinden diese nie für längere Zeit!«

Sie sollten sich Folgendes bewusst machen: Egal wie erfolgreich wir mit solchen Dingen umgehen, sie werden nie vollkommen verschwinden, da unsere ersten Jahre die prägendsten sind. Das gilt sowohl für unsere guten als auch für die schlechten Erfahrungen. Genauso wie unsere Muttersprache bleiben sie uns stets erhalten.

Doch auch wenn unsere intensivsten Erlebnisse stets auf eine gewisse Weise in uns verhaftet bleiben, werden sie im Laufe der Zeit schwächer, vorausgesetzt, wir befassen uns jedes Mal mit ihnen, wenn sie auftauchen Irgendwann werden sie dann kaum noch zutage treten.

Wir alle tragen jedes Alter, das wir durchlebt haben, in uns. Wenn unser inneres zweijähriges Kind durch irgendetwas auf den Plan gerufen wird, müssen wir uns als Erwachsene erneut damit beschäftigen. Es ist außerdem gut möglich, dass wir nur »begriffen« haben, was damals passiert ist, unsere Gefühle aber nie tatsächlich verarbeitet haben.

Es ist überaus lohnend, sich mit den eigenen Emotionen auseinanderzusetzen und vielleicht ein oder zwei Tränen für das kleine Kind in uns zu vergießen, das unter einer bestimmten Situation gelitten hat. Wenn wir mutig genug sind, uns anzusehen, woher ein Gefühl stammt, und keine Zeit damit verschwenden, uns selbst Vorwürfe zu machen, so als müssten wir mittlerweile emotional betrachtet bereits »perfekt« sein, wird sich unser Leben immer mehr verbessern.

Verzweiflung als
MOTIVATION

»Karriereberater ist mein Traumberuf. Ich habe meinen Job gekündigt, um mich darauf zu konzentrieren, aber nicht zuletzt auch deshalb, weil ich befürchtete, sonst nicht genügend Motivation zu haben, um es tatsächlich durchzuziehen«, erzählte mir ein Klient. »Ich dachte, wenn ich nicht verzweifelt wäre, würde ich es nie tun. Also brachte ich mich in eine Situation, in der ich unbedingt etwas unternehmen musste, weil es sonst zappenduster ausgesehen hätte.

So agierte ich damals: Ich setzte alles mit großem Druck durch. Doch wie sollte ich mich ohne solch eine verzweifelte Lage dazu motivieren, etwas in Angriff zu nehmen?

Schließlich wurde mir Folgendes bewusst: Wenn ich das Gefühl der Verzweiflung als Motivation benötigte, dann war mein Plan einfach zu ehrgeizig. Kleine Schritte waren in diesem Fall besser. Diese konnten trotzdem die zentrale Motivation beinhalten, um mich in die richtige Richtung zu schubsen.«

Keine ZEIT für Ihre Lieblingsbeschäftigung?

Eine Klientin suchte mich auf, da sie keine Zeit für ihre Herzensdinge hatte, und ihr daher etwas fehlte. »Ich muss in diesem Jahr in zwei Vollzeitjobs arbeiten«, sagte sie, »und ich werde immer deprimierter. Das ist sehr, sehr schlecht für mich.«

»Was macht Ihnen Spaß?«, fragte ich sie.

»Kreative Dinge«, antwortete sie. »Zum Beispiel zeichnen.«

»Können Sie das nicht zwischendrin tun?«, hakte ich nach.

»Nein«, erwiderte sie. »Man braucht viel Zeit, um die Utensilien zusammenzustellen und sich in die richtige Stimmung zu versetzen.«

»Um zu zeichnen?«, fragte ich verwundert. »Warum braucht man dafür so viel Zeit?«

Sie lächelte geduldig. »Tja«, antwortete sie, »es ist einfach so.«

Ich reichte ihr einen Bleistift und ein Stück Papier. »Bitte sehr«, sagte ich. »Zeichnen Sie meinen Schuh.«

Sie protestierte. »Auf so einem Papier kann ich nicht richtig zeichnen, noch dazu in so kurzer Zeit.«

»Tun Sie es einfach und beobachten Sie, was passiert«, forderte ich sie auf.

Kopfschüttelnd nahm sie den Bleistift zur Hand, betrachtete meinen Schuh und begann zu zeichnen. Ich konnte dabei zusehen, wie ihre Gedanken sich vor meinen Augen auflösten! Sie wirkte völlig verändert.

Ich gab ihr 20 Sekunden und unterbrach sie dann. »Das

waren 20 Sekunden. Ich nehme an, Sie können zeichnerisch mit 20 Sekunden nicht viel anfangen, oder?«

Doch sie sah mich mit so großen Augen an, dass selbst ich überrascht war. »20 Sekunden. Ich kann nicht glauben, dass ich mir dieses Glück vorenthalten habe, weil ich dachte, ich hätte keine Zeit!«, sagte sie.

»Ich kann im Bus auf dem Weg zur Arbeit zeichnen! Ich kann beim Warten an der Bushaltestelle zeichnen, Himmel noch mal! Wenn ich nur daran denke, kann ich es kaum erwarten!«

Lassen Sie es auf einen Versuch ankommen: Tun Sie etwas, das Ihnen wirklich Spaß macht, nur ganz kurz, und beobachten Sie, was geschieht. Es wird Sie überraschen.

Gute Gründe statt Ausreden

Bestimmt haben Sie die folgende Situation schon erlebt: Sie erzählen anderen Menschen von einem Ziel, das Ihnen unerreichbar erscheint. Daraufhin erhalten Sie Tipps, Infos und Vorschläge.

Allerdings lehnen Sie die Lösungsvorschläge der anderen innerlich ab.

Das ist natürlich nicht automatisch verkehrt. Vielleicht haben Sie einen Rat bekommen, der tatsächlich nicht umsetzbar ist. Allerdings können Sie selbst mit einem schlechten

Vorschlag konstruktiv umgehen, um die Person, die Ihnen helfen möchte, nicht zu demotivieren. So bestärken Sie den anderen, Ideen zu entwickeln, die für Sie besser geeignet sind (siehe S. 21).

Die Art und Weise, wie Sie auf gute Vorschläge reagieren, zeigt, ob Sie tatsächlich nach Lösungen oder lediglich nach einer Möglichkeit suchen, die Dinge zu vermeiden, die Sie eigentlich tun wollen.

Wenn Sie das Problem ernsthaft lösen möchten, gibt es für Ihre Einwände tatsächlich Gründe – warum die letzte Idee nicht funktioniert hat und eine bessere Lösung erforderlich ist.

Wenn Sie jedoch ständig etwas gegen alle möglichen Vorschläge einzuwenden haben, werden Sie bald erkennen, dass Sie Ihr Ziel eigentlich nicht weiterverfolgen möchten und lediglich nach Ausreden suchen, um es zu vermeiden.

Es gibt also zwei mögliche Gründe für immer neue Ausreden. Und es ist wichtig, sich über den Unterschied im Klaren zu sein.

NACH DER ANFANGSPHASE FINDEN SIE JEDEN JOB
LANGWEILIG

Häufig liegt dies daran, dass Sie sich für Neues begeistern, und das ist eine Gabe. Sie sind schnell, innovativ und haben keine Angst vor Veränderungen. Das ist ebenfalls eine Gabe. Es gibt Arbeitgeber, die Menschen wie Sie suchen – allerdings sind Sie von Ihrer Veranlagung her jemand, der lieber verschiedenste Einkommensquellen hat, ohne je fest angestellt zu sein.

Eins meiner Lieblingsbücher zu diesem Thema ist *555 Ways to Earn a Living Without a Job* (Seinen Lebensunterhalt ohne Arbeitsstelle verdienen) von Jay Conrad Levinson.[2]

Ebenfalls sehr empfehlenswert ist – neben zahlreichen anderen Titeln – das Buch von Barbara Winter *Making a Living Without a Job*.

Werfen Sie mal einen Blick hinein. Vielleicht finden Sie wertvolle Anregungen darin.

---

[2] Dieser und der folgende genannte Titel sind nicht auf Deutsch erhältlich (Anm. d. Übers.).

EIN TEAM BILDEN

Als ich die Teilnehmer bei einem meiner Workshops so wie immer nach ihren »unmöglichen Träumen« fragte, erzählte ein älterer Herr Folgendes:

»Ich habe einen sehr unrealistischen Traum. Ich repariere gerne alles Mögliche wie zum Beispiel Lampen oder Rasenmäher und Toaster. Aber niemand lässt heutzutage noch etwas reparieren. Jeder kauft sich gleich etwas Neues.«

»Sind Sie sicher?«, wollte ich wissen und fragte die anderen, ob sie sich eine Reparaturwerkstatt für ihre defekten Geräte wünschten. Etwa die Hälfte der Anwesenden hob die Hand.

Einer der Teilnehmer besaß einen kleinen Baumarkt und begeisterte sich dafür, dass dieser Mann samstags Reparaturkurse geben könnte. »Ich werde Werbung dafür machen und Schilder ins Fenster hängen. Es ist auch für das Geschäft gut, wenn neue Kunden in den Laden kommen.

Und falls diese ihre Geräte selbst reparieren wollen, nachdem Sie ihnen gezeigt haben, wie es geht, werden sie das Material dafür gleich hier vor Ort kaufen. Aber bestimmt werden einige von ihnen trotzdem lieber die Reparatur bezahlen. Die Leute sehen gerne zu, wie etwas repariert wird, aber sie wollen es nur selten selbst machen.«

Dann fügte der Baumarktbesitzer noch hinzu: »Ich würde Sie lediglich bitten, Ihr Material für die Reparaturen in meinem Laden zu kaufen. Auf diese Weise profitieren wir alle davon.«

Jemand zum Verlieben

Vielen Frauen ist es peinlich zuzugeben, dass sie von einem guten Partner träumen. Eine Klientin erzählte mir zum Beispiel: »Ich habe einen tollen Job und war immer unabhängig, aber ich wollte gerne heiraten. Ich hatte das Gefühl, es wäre pathetisch und lächerlich, das zuzugeben.«

Ich überzeugte sie davon, dass ihr Traum solide, würdevoll und ehrlich war. Daraufhin entwickelten wir viele Ideen, um ihr zu helfen, ihn zu verwirklichen.

»Sie haben mir bewusst gemacht, dass ich ein Recht habe, nach etwas zu streben, was ich mir wünsche und brauche, ohne mich dafür zu schämen. Dafür möchte ich mich bei Ihnen bedanken«, schrieb sie mir nach einer Weile. »Jetzt bin ich viel offener und lerne viele nette Männer kennen. Zudem bin ich mittlerweile Mitglied in verschiedenen Vereinen, was für mich etwas Neues ist. Und nicht nur das – meine Freunde zaubern immer wieder verschiedene Männer aus dem Hut und laden uns zum Abendessen ein. Das haben sie erst gemacht, als ich mich getraut habe, meinem wahren Traum nachzugehen.«

Schuld kann ein POWERTRIP sein

Manchmal fühlen wir uns für Dinge verantwortlich, die wir nicht beeinflussen konnten oder die wir selbst nicht verursacht haben. Wahrscheinlich stammt dieses Gefühl aus der frühen Kindheit, in der wir uns an allem die Schuld gaben. So haben Kinder, deren Eltern abgetaucht sind, häufig das Gefühl, es sei ihre Schuld – aus welchem Grund auch immer.

In der Regel löst sich diese Machtillusion mit dem Heranwachsen auf. Problematisch wird es, wenn wir weiterhin so denken und uns etwa für Probleme innerhalb unserer Familie verantwortlich machen, obwohl wir gar keine Macht haben, die Dinge zu verändern.

Doch warum geben wir uns so schnell die Schuld an etwas und leiden unter diesen Schuldgefühlen, obwohl wir überhaupt nicht verantwortlich für eine Situation sind?

Wahrscheinlich tun wir lieber so, als wären wir schlecht, anstatt uns die Wahrheit einzugestehen. Diese lautet, dass wir häufig hilflos sind und nichts an der Situation hätten verändern können.

Was meinen Sie?

Leid zum Ausdruck bringen

Wenn wir emotionales Leid (oder auch unsere Angst) überwinden möchten, sollten wir weinen oder zumindest seufzen und »Aua« sagen.

Danach fühlen wir uns sofort geerdet und ruhig. Falls Sie sich mit jemandem auseinandersetzen müssen, der Sie im Gespräch stets niederredet und abkanzelt, sollten Sie vor der Begegnung ordentlich seufzen. Danach können Sie dem anderen ruhig und unerschrocken begegnen, überdies werden Sie in der Lage sein, die richtigen Dinge zu sagen.

Was tun bei einem BURNOUT?

Lernen Sie etwas Neues.

Vielleicht sind Sie der Meinung, Sie bräuchten eine Pause. Doch in der Regel trifft das nicht zu. Je weniger Sie nach einem Burnout unternehmen, desto negativer wirkt es sich aus. Ihr Geist braucht keine ruhige Zeit, er braucht vielmehr etwas Erbauliches.

Wenn möglich, sollten Sie etwas Kreatives tun. Die Kreativität wirkt positiv auf Ihren Geist und katapultiert Sie sofort aus Ihrem Erschöpfungszustand heraus.

Auf den ersten Blick erscheint das nicht plausibel, aber kreative Tätigkeiten und Lernprozesse heilen fast jedwedes Burnoutgefühl, das die meisten von uns erleben.

GEFÜHLE HERAUSLASSEN

Wie bereits mehrfach erwähnt, sollten wir Gefühlen auf den Grund gehen, die sich unter Stress verbergen. Zudem sollten wir sie zum Ausdruck bringen. Die Frage ist, wie wir das tun sollen. Wir können nicht einfach in der Öffentlichkeit herumschreien und verkünden, wie wütend wir sind, obwohl wir uns wahrscheinlich großartig dabei fühlen würden. Allerdings würden wir damit wahrscheinlich allen Menschen in unserem Umfeld einen Schrecken einjagen.

Hier ein paar gute Ideen dazu, wie Sie Gefühle herauslassen können, die von meinen Seminarteilnehmern und Klienten stammen:

»Ich schreie in ein Kissen, wenn ich Angst habe oder traurig bin. Danach geht es mir immer besser!«

»Wenn ich wütend bin, schnappe ich mir einen alten, stabilen Tennisschläger und schlage damit auf meine Matratze ein. Das funktioniert wunderbar. Manchmal muss ich dabei sogar lachen, und meine Energie kehrt zurück.«

So lassen Sie Dampf ab und befreien Ihren Geist.

Kampf und Rebellion

Manchmal weigern Sie sich, etwas zu tun, das Ihnen eigentlich Spaß macht, da Ihr innerer Widerstand auf einer Kampfhaltung basiert. Dazu kommt es, wenn jemand sich Ihnen gegenüber unfair verhalten hat. Der Widerstand ist in diesem Fall Ihre Art, sich dagegen zu wehren.

Aber manchmal basiert der Widerstand auf Rebellion. Jemand versucht, Sie zu kontrollieren, Ihre Identität und Persönlichkeit zu vereinnahmen. Die Rebellion ist Ihr Kampf, um sich Ihr Selbstverständnis zu bewahren.

Seien Sie gut zu sich selbst – geben Sie sich ZEIT nach einem Sturz

Wenn Sie einen Traum verwirklichen wollten und dabei gescheitert sind, sollten Sie sich etwas Zeit geben, bevor Sie es erneut versuchen. Steigen Sie nicht sofort wieder aufs Pferd. Ihre Gefühle müssen – so wie ein Knochenbruch – erst heilen, bevor Sie sie wieder voll belasten.

Falls es sein muss, widmen Sie sich Ihrem Traum jeden Tag ein bisschen oder denken Sie einfach darüber nach, damit er nicht zu sehr in Vergessenheit gerät. Sehen Sie es sich jedoch nach, wenn Sie die schwierigsten Teile eine Weile lang nicht in Angriff nehmen.

Sie werden mit neuer Kraft zurückkommen und dann bereit sein, aktiv zu werden.

Die Suche nach etwas Falschem

Vielleicht suchen Sie nach einem neuen Job, obwohl Sie sich eigentlich spannendere soziale Kontakte wünschen oder eine Möglichkeit, kreativer zu sein, oder etwa die Chance, die Welt zu sehen. Prüfen Sie, ob Sie tatsächlich danach suchen, was Sie wollen, anstatt danach, was Sie Ihrer Meinung nach vielleicht wollen sollten.

Das ist sehr wichtig. Nehmen Sie sich die Zeit, um das zu klären.

LANGEWEILE
NICHT TOLERIEREN

Ein Gefühl der Langeweile bedeutet, dass etwas Wesentliches in Ihnen nicht genutzt wird, und das kann zu einer gewissen Hoffnungslosigkeit führen, wenn Sie es zu lange geschehen lassen.

Hören Sie in sich hinein und betrachten Sie die Dinge in Ihrem Umfeld aufmerksam, bis Sie neugierig werden oder Lust darauf haben, etwas zu erschaffen, was es noch nie gegeben hat. Verwenden Sie dafür Papierschnipsel oder Kuchenteig, Gartenerde oder Kinderspielzeug! Materialien gegen die Langeweile lassen sich überall finden.

Akademische Qualifikationen oder Neugier?

Vor Kurzem wurde ich auf meiner Internetseite auf den Kommentar einer Leserin aufmerksam:

»Neulich bat ich eine Verwandte, die Ärztin ist, darum, mir etwas Medizinisches zu erklären. Doch nach ihrer Antwort hatte ich das Gefühl, als wäre ich von einem Vorschlaghammer getroffen worden! Sie lautete nämlich: ›Das würdest du ohnehin nicht verstehen. Du müsstest sechs Jahre Medizin studieren, um das zu begreifen!«‹

Solche Reaktionen ärgern mich, was ich in meiner Antwort sehr deutlich machte:

»Ihre Verwandte ist nicht nur Ärztin, sondern auch eine Idiotin. Erstens gibt es keinen Grund, jemanden zu beleidigen, der eine ersthafte Frage stellt. Was soll das?

Zweitens hätten Sie dafür gelobt werden müssen, dass Sie eine so gute Frage gestellt haben, wenn man so qualifiziert dafür sein muss.

Drittens: Wer selbst einen Doktortitel hat, lässt sich von einem akademischen Grad häufig kaum beeindrucken, und das zu Recht.

Und viertens reagieren nur diejenigen Leute so auf Fragen, die die Antwort darauf in Wirklichkeit nicht wissen und von uns in Verlegenheit gebracht wurden.

Zertifikate und Bildungsabschlüsse sind ganz nett, und viele Menschen meinen, nur Leute mit besonderen intellektuellen Fähigkeiten würden sie erhalten. Doch berühmten Genies wie Einstein zufolge ist es viel mehr wert, neugierig zu sein und gerne etwas Neues zu lernen. Menschen, die diese Voraussetzungen erfüllen, *sind die Schätze einer Kultur*.«

Das Tempo drosseln, wenn Sie einem Traum näher kommen?

Je mehr wir uns dem Punkt nähern, mit einem Vorhaben zu beginnen, desto stärker schieben sich die negativen Aspekte des Projekts in den Vordergrund und desto mehr geraten die positiven Elemente in Vergessenheit. Daran zeigt sich, dass schlicht und ergreifend unsere Angst auf den Plan getreten ist.

Wir sollten sie respektieren. Aber unser Projekt nicht aufgeben. Es gilt, das Tempo zu drosseln und das Gefahrenpotenzial zu reduzieren. Und einfach Schritt für Schritt weiterzumachen.

ANGST vor Selbstvermarktung

Ein guter Coach ist kein Verkäufer. Wenn Sie in einem helfenden Beruf arbeiten, sind Sie ein Meister der Empathie und Problemlösung, aber kein Verkaufsexperte. Daher sollten Sie irgendwo präsent sein, wo Menschen Sie sehen können.

Das Internet ermöglicht dies auf eine Weise wie nie zuvor: Stellen Sie einfach ein paar Videos online, in denen Sie ungezwungen über bestimmte Probleme sprechen und erläutern, wie sich diese gut lösen lassen.

Es empfiehlt sich, dabei nicht alleine vor einer Kamera oder dem Computer zu sitzen. Am besten sprechen Sie vor einer Gruppe von Leuten und nehmen dies mit einer Videokamera auf einem Stativ auf. So sind Sie weniger befangen. Laden Sie Ihr Video auf YouTube hoch und veranstalten Sie dann eine Ideenparty, um nach neuen Möglichkeiten zu suchen, andere Menschen mit Ihren Videos zu erreichen. Manche Leute nutzen dafür ausschließlich Twitter. Bitten Sie die Nutzer um Kommentare, denn auf diese Weise können Sie in Ihre Antworten miteinfließen lassen, wie man Sie kontaktieren kann.

Dies ist mein Lieblingsmarketing-Instrument. Ich nenne es: »Sich vor den richtigen Leuten präsentieren.« Und dafür muss man nicht über besondere Fähigkeiten der Selbstdarstellung verfügen, die Menschen in helfenden Berufen meistens nicht haben.

WARUM TUN SIE NICHT, WAS IHNEN SPASS MACHT?

Es ist sehr seltsam, nicht zu tun, was uns Spaß macht.

Ich verstehe es, wenn jemand nicht gerne Geschirr spült oder Toiletten putzt, aber warum sollten wir kein Gedicht schreiben oder malen, wenn uns dies ein wunderbares Gefühl verleiht?

Es hat einen Grund, so viel ist sicher. Es liegt daran, dass uns etwas Angst macht.

SCHLECHTE BEZIEHUNGEN

Diese können Ihr Leben ruinieren. Betrachten Sie die Menschen in Ihrem Umfeld sorgfältig, ob in der Arbeit, in Ihrem Umfeld oder innerhalb einer Partnerschaft.

Wenn Sie eine schlechte Beziehung zu anderen Menschen erkennen, sollten Sie sich zurückziehen. Vielleicht ist eine gewisse Planung dafür erforderlich. Lassen Sie sich jedoch nicht zu sehr von einer toxischen Beziehung vereinnahmen. Nirgendwo steht geschrieben, dass Sie eine Höllenbeziehung führen müssen, und Sie sollten lernen, automatisch das Weite zu suchen, wenn es der Fall ist.

Eine gute Frage, um eine Beziehung zu testen, lautet: »Tut sie mir gut?« Wenn nicht, sollten Sie die Beziehung beenden.

Selbst Pech kann uns ETWAS GUTES bescheren

Haben Sie gerade eine Beziehung beendet oder hat jemand Ihnen den Laufpass gegeben? Müssen Sie aufgrund einer Krankheit gerade das Bett hüten? Wurden Sie entlassen? Ich sage nicht, dass Sie sich über negative Ereignisse freuen sollen, aber Sie können die positiven Aspekte nutzen, die mit dem Desaster einhergehen. Vor allem diejenigen, die dazu beitragen können, Ihre Träume zu erkennen.

Vielleicht sind Sie endlich in der Stimmung dazu, Songs oder Gedichte zu schreiben oder zu malen. Haben Sie zum ersten Mal seit vielen Jahren endlich mehr Zeit? Nutzen Sie diese Gelegenheit, um sich einem Traum zu widmen, anstatt Ihre Zeit damit zu verschwenden, über Ihr Pech zu jammern.

Pech währt nie ewig. Schon bald werden Sie einen anderen Job haben oder eine neue Liebe, und der ungewöhnliche Freiraum in Ihrem Leben wird verschwunden sein. Machen Sie also etwas daraus. Nutzen Sie diese Phase, um neue Ideen zu entwickeln, neue Leute kennenzulernen und Erfahrungen zu sammeln, die Ihnen dienlich sein können, wenn alles wieder »normal« läuft.

Ihr Freundeskreis

Es kann viele Jahre dauern, um enge Freunde zu finden. Darüber hinaus benötigen wir einen erweiterten Freundeskreis, der auf gemeinsamen Interessen basiert.

Möglicherweise finden Sie es langweilig, Vögel zu beobachten oder Briefmarken zu sammeln. Aber wie wäre es, wenn Sie sich für Amateurtheater interessierten, nicht unbedingt als Schauspieler, sondern als Teil einer Gruppe, die das gemeinsame Ziel hat, ein Stück aufzuführen? Können Sie sich vorstellen, wie anders es wäre, wenn Sie sich voller Begeisterung mit anderen Menschen über ein gemeinsames Projekt austauschen könnten?

Suchen Sie in Ihrer Region nach Interessengruppen, zum Beispiel auf der Internetseite Meetup.com. Selbst wenn Sie normalerweise nicht viel für Vereine übrighaben, sollten Sie sich einer Gruppe anschließen, die sich mit etwas beschäftigt, für das Sie ein Faible haben: ob es sich nun um Fotografie, Gärtnern, Bestseller lesen, Spazierengehen oder sonst etwas handelt.

Auf diese Weise lernen Sie unkompliziert Menschen kennen, mit denen Sie sich über Dinge unterhalten können, die Sie wirklich interessieren. Und das könnte eine sehr positive Wirkung auf Sie haben.

Versuchen Sie eine Liste der Gruppen in Ihrem nahen Umfeld zusammenzustellen und nehmen Sie sich vor, an jeder offenen Gruppe ein Mal pro Monat teilzunehmen.

Mit Gefühlen
UMGEHEN

»Meine Gefühle zu erkennen ist kein Problem für mich. Ich weiß, welche Gefühle jeweils in mir vorhanden sind. Doch offensichtlich bin ich nicht in der Lage zu verstehen, *warum* ein Gefühl in mir hochkommt. Ich würde sehr gerne wissen, warum ich manchmal vollkommen grundlos traurig, wütend, weinerlich gestimmt oder frustriert bin. Es ist gewiss nichts Hormonelles.

Vermutlich vermeide ich es, mich mit etwas auseinanderzusetzen, ja, es überhaupt zur Kenntnis zu nehmen. Sonst müsste ich doch eigentlich wissen, was die Ursache des Problems ist, oder? Wie kann man sich bewusst machen, was das eigene Herz bewegt?«

»Das ist eine sehr gute Frage«, antwortete ich und war froh, dass diese Klientin etwas thematisierte, worauf sehr viele Menschen eine Antwort suchen. Dann gab ich ihr ein paar Tipps, vielleicht können Sie diese Empfehlungen auch für sich nutzen:

Beispielsweise können Sie Ihre Augen schließen, das vorhandene Gefühl intensiv wahrnehmen und prüfen, wie alt Sie sich fühlen. Denken Sie nicht zu lange darüber nach, sondern nehmen Sie die erste Zahl, die Ihnen in den Sinn kommt. Lassen Sie das Gefühl dann intensiver werden.

Versuchen Sie nun zu erahnen, wodurch all Ihre Gefühle in der Gegenwart ausgelöst wurden. Wenn Ihnen das gelingt, ist das großartig, und Sie können die Gefühle zum Ausdruck bringen, um sie nicht länger mit sich herumzutragen.

Wenn keine Erinnerung in Ihnen hochkommt, können Sie eine Technik anwenden, die als der »stumme Schrei« bezeichnet wird. Hierfür schließen Sie Ihre Augen und stellen sich vor, möglichst laut zu schreien. Doch in Wirklichkeit bleiben Sie ruhig.

Nach einem solchen stummen Schrei fühlen sich viele Menschen anders als zuvor. Und manchmal offenbart sich die Ursache für ein Gefühl, während man es gerade auf diese Weise zum Ausdruck bringt.

Sich von einem Traum verabschieden, um weiterzukommen

Daran ist nichts verkehrt, es sei denn, Sie verabschieden sich aus den falschen Gründen von einem Traum. Wenn der Traum Sie nach wie vor begeistert, Sie aber glauben, er koste Sie zu viel Mühe, Zeit und Geld, ist es zu früh, um ihn fallenzulassen. In diesem Fall haben Sie noch einiges zu tun.

Kein Traum muss aus diesen Gründen über Bord geworfen werden. Vielleicht ist es unrealistisch, einen Beruf daraus zu machen oder finanziell in diesen Traum zu investieren. Wenn Sie ihn allerdings nach wie vor großartig finden, sollte er eine Rolle in Ihrem Leben spielen, damit Sie sich auf eine kreative Weise mit ihm beschäftigen können, die Ihnen Freude macht.

Die Träume anderer Menschen sind nicht für Sie geeignet

Wenn Sie den Traum eines anderen verfolgen, riskieren Sie, die Dinge, die Sie selbst begeistern, aus den Augen zu verlieren. Der Traum vom Reichtum gehört dabei zu denjenigen, die uns am meisten verblenden.

»Ich habe mich so lange darauf konzentriert, reich zu werden, dass ich keine Ahnung habe, was ich wirklich will«, erzählte mir ein Kursteilnehmer. Zu viele Menschen verfallen dem Glanz des Reichtums und erkennen nicht, dass sie wahrscheinlich gar nicht so viel Geld brauchen. Es kann all unsere Zeit und kreative Energie in Anspruch nehmen, wenn wir uns darauf ausrichten, reich zu werden.

In Wirklichkeit will nicht jeder eine Million besitzen. Die Vorstellung, reich zu sein, ist lediglich wie ein Hauch funkelnder Magie mit dem Versprechen, wir könnten uns jeden Traum erfüllen. Geld hat in unserer Kultur einen großen Stellenwert, und nur wenige Menschen sehen es kritisch, wenn wir danach streben. Träume sind jedoch so individuell wie die Menschen, sodass andere sie nicht immer nachvollziehen können. Daher werden wir häufig dazu gedrängt, uns für Dinge zu entscheiden, die andere Leute positiv bewerten.

Wenn Sie die Einzige sind, die versucht, die Träume Ihrer Familie, Ihrer Freunde oder Ihrer Kultur mit aller Macht umzusetzen, sollten Sie innehalten und einen Moment lang nachdenken. Möglicherweise weichen Sie der komplexen (und Furcht einflößenden) Aufgabe aus, herauszufinden, wer

Sie sind und was Sie tatsächlich am liebsten mit Ihrem Leben anfangen möchten.

Wir bezahlen einen hohen Preis, wenn wir auf Erfolg und Sicherheit abzielen und die Träume anderer Menschen verfolgen. Das ist so, als würden wir unseren Kompass in der Wildnis verlieren. Unsere Träume sind keine albernen, kindischen Dinge. Wir erfinden sie nicht und wählen sie auch nicht aus.

Das folgende einfache Bild beschreibt diese missliche Situation sehr treffend: *Ein Adler, der in einem Käfig gefangen ist, träumt von nichts anderem als vom Fliegen.* Wenn wir unsere Träume zu lange ignorieren, wächst das Gefühl der Verzweiflung in uns, und kein Geld der Welt kommt dagegen an.

Der Gefahr auf die **SPUR** kommen

Falls Sie sich davor drücken, konkrete Schritte zu unternehmen, um Ihren Wunsch umzusetzen, gehen Sie damit Ihrer Angst aus dem Weg. Sie spüren einen inneren Widerstand.

Um herauszufinden, was Ihnen Angst macht, können Sie die Augen schließen und sich vorstellen, dass Sie aktiv werden, um sich Ihrem Wunsch anzunähern. Dadurch wird sich das Stressgefühl verstärken und möglicherweise kommen Sie nicht sehr weit. Aber häufig genügt es, um plötzlich zu erkennen, warum Sie zögern.

»Ich wollte immer mit Marionetten arbeiten«, erzählte mir ein befreundeter Ingenieur. »Aber irgendetwas hat mich daran gehindert. Als ich es mir mit geschlossenen Augen vorgestellt habe, kam mir plötzlich mein Vater in den Sinn. Ich sah und erinnerte mich, wie wütend er darüber war, dass ich so etwas Kindisches überhaupt in Erwägung zog.

Aber dann hatte ich eine weitere Erkenntnis. Mein Vater wollte ein Künstler sein, doch es wurde ihm nie erlaubt. Er war wütend auf mich, weil ich versuchte, etwas zu tun, was er nicht verwirklichen konnte. Es ging in Wirklichkeit um sein Leben, nicht um meins.

Sobald ich mir das bewusst gemacht hatte, fiel eine schwere Last von meinen Schultern, und ich belegte meinen ersten Kurs im Marionettenschnitzen.«

Wer sind Sie?

Anders gefragt: Was ist Ihr persönlicher Stil? Schließlich sollten Sie ein gutes Leben führen, das auf Ihrem persönlichen Stil basiert und nicht auf dem irgendeines anderen Menschen. Wie Sie sich kleiden, wie Sie Ihr Zuhause einrichten, welche Farben, Gerichte, Filme, Musik und Bücher Sie mögen, womit Sie sich eine Freude machen – all die 1000 kleinen Details: Das ist Ihr persönlicher Fingerabdruck.

Wir verhalten uns so, als spiele das keine wichtige Rolle. Aber wenn Sie sich für ein Leben entscheiden, das Ihnen entspricht, sollten Sie darauf achten, was Sie gerne tun und wie Sie Ihr Umfeld am liebsten gestalten.

Ihr persönlicher Stil scheint Ihnen keine Anhaltspunkte für den Schlüssel zum Erfolg zu liefern. Aber zusammen mit Ihren Erinnerungen daran, was Ihnen als Kind Spaß gemacht hat, an Ihre Fantasien, was Sie gerne sein würden, bietet Ihr persönlicher Stil Ihnen wertvolle Hinweise, wer Sie eigentlich sind.

Ihr Stil ist Ausdruck Ihrer einzigartigen Persönlichkeit, seien Sie daher aufmerksam.

Der innere **WIDERSTAND** liebt Sie!

Alle sagen, er sei Ihr Feind, aber das stimmt nicht. Der innere Widerstand ist wie ein großer, dummer Bodyguard, der Sie vor allem schützt, was gefährlich sein könnte. Aber er weiß nicht, was tatsächlich gefährlich ist. Er weiß lediglich, was Ihnen Angst macht, und wird in diesem Fall sofort aktiv. Wenn Sie lernen, richtig damit umzugehen, werden Sie ein großartiges, erfülltes Leben haben, anstatt sich nur schmerzlich danach zu sehnen.

Erlernte Hilflosigkeit

In vielen Fällen wirkt die erlernte Hilflosigkeit wie ein Mittel, um andere Menschen dazu zu bringen, sich um Sie zu kümmern. Als würden Sie sie manipulieren. Doch jemand erklärte mir einmal, wie es sich mit der erlernten Hilflosigkeit tatsächlich verhält, und das habe ich nie vergessen:

»In meinem Fall ging es nicht darum, dass andere sich um mich kümmern sollten. Ich war vielmehr unbewusst, aber tiefgreifend davon überzeugt, dass ich die Dinge nicht alleine auf die Reihe kriegen würde.«

Diese Erklärung zeigt Ihnen die Lösung: Lernen Sie langsam und schonend, selbst die Verantwortung für sich zu übernehmen. Auf diese Weise fördern Sie Schritt für Schritt Ihre Zuversicht sowie Ihr Selbstbewusstsein.

Sie können sich aus der Falle der Hilflosigkeit wieder befreien, und Sie werden die Energie, die Ihnen das verleiht, genießen.

Das WAHRE Erfolgsgeheimnis

Im Grunde bin ich Vortragsrednerin und Autorin geworden, als ich erkannte, dass bei all dem Gerede über Erfolg die wichtigsten Aspekte nicht erwähnt werden. Stattdessen werden wir dazu angehalten, an uns selbst zu glauben, uns passend zu kleiden, die richtigen Kontakte zu knüpfen, ein Nein nie als Antwort zu akzeptieren sowie zu üben, zu üben und nochmals zu üben.

Aber niemand spricht darüber, wie Erfolg tatsächlich gelingt: nämlich mithilfe einer Struktur und fortwährender Unterstützung. Wenn wir bei einem Projekt erfolgreich sein wollen, brauchen wir eine klare Ausrichtung. Wir müssen wissen, wie der nächste Schritt aussieht, und wir sollten eine gewisse Verbindlichkeit schaffen – etwa indem wir einen Kurs belegen oder ein Arbeitstreffen mit einem Team organisieren, das darauf wartet, dass wir das zuvor Versprochene abliefern.

Diese beiden Dinge sind entscheidend und bringen uns viel weiter, als vielen Leuten die Hand zu schütteln und zu lernen, wie wir Netzwerke bilden.

Wenn Sie mich kennen, wissen Sie das mittlerweile bereits. Denn ich habe es immer wieder auf unterschiedliche Weise zum Ausdruck gebracht – und wollte es auch hier noch mal zur Sprache bringen.

Struktur und Verbindlichkeit: Darin liegt das wahre Erfolgsgeheimnis. Auf diese Weise gelingt es.

Ist es das Richtige?

Manchmal befürchten Sie, dass Sie nach der Verwirklichung Ihres Traums erkennen könnten, wie sehr Sie sich darin getäuscht haben. Daher zögern Sie, aktiv zu werden. Was können Sie in einer solchen Situation tun? Machen Sie kleine Schritte. Erkundigen Sie sich, was andere getan haben. Versuchen Sie zu erkennen, ob dieser Traum zu Ihren Wünschen passt.

Überfordert

Wenn ich mich überfordert fühle, denke ich häufig an einen Rat, den ein Freund mir einmal gegeben hat. Das hilft mir immer. Und vielleicht hilft er auch Ihnen:

Der Freund sagte zu mir: »Mache dir einfach Folgendes bewusst: Du musst nicht *alles* machen. Du solltest nur den *nächsten* Schritt tun.«

Das klingt gut, nicht wahr?

Eigenwerbung liegt mir nicht

Wenn Sie sich weigern, den Hungernden etwas zu essen zu geben, weil Sie kein Fünf-Sterne-Koch sind, sind Sie ein egoistischer Mensch. Das Gleiche gilt, wenn Sie bei allem, was Sie der Welt anzubieten haben, perfektionistisch sind und sich deshalb davor scheuen, sich selbst zu vermarkten.

Es klingt vielleicht bescheiden, wenn Sie sagen: »Ich kann keine Werbung für mich selbst machen, weil ich das Gefühl habe, nicht gut genug zu sein.« Oder: »Wer bin ich schon? Ich kann anderen Leuten doch nicht großspurig meine Dienstleistungen anpreisen?«

Die meisten Leute sind überrascht zu hören, wie egozentrisch es ist, sich nicht zu vermarkten. Falls Sie sich ebenfalls weigern, Werbung für sich selbst zu machen, und zum

Beispiel keine eigene Homepage ins Internet stellen, habe ich eine ähnliche Überraschung für Sie parat:

Sie können Menschen, die Ihre Unterstützung brauchen, nicht helfen, wenn diese nicht wissen, dass es Sie gibt.

Hochbegabte Erwachsene

Hochbegabte Erwachsene werden in der Regel völlig übersehen. Hochbegabte Kinder werden dagegen von den meisten Lehrern erkannt und bekommen häufig spezielle Förderprogramme. Doch Erwachsenen hilft niemand mehr dabei, in einer Welt zurechtzukommen, in der sie sich aufgrund ihres schnellen und vielfältigen Denkens stark von anderen unterscheiden.

So wie Kinder möchten auch hochbegabte Erwachsene Freunde haben. Außerdem wollen sie nicht anders sein als die anderen. Manchmal haben sie das Glück, mit Leuten zusammenzuarbeiten, die so sind wie sie selbst, vor allem seitdem es Computer gibt. Früher wurden solche Menschen Ingenieure oder zogen sich in eine Garage zurück.

Vereinfacht gesagt ist ein hochbegabter Erwachsener jemand mit einem hohen IQ (allerdings nicht immer), er interessiert sich voller Neugier für fast alles, lernt begeistert neue Dinge und liebt es, etwas zu entwickeln und zu erfinden – häufig bevorzugt in Gesellschaft anderer hochbegabter Erwachsener.

Das sollten Sie wissen, damit Sie sich nicht wie ein Außenseiter fühlen. Auch Sie brauchen Freunde, eine Gruppe von Leuten, die gerne mit Ihnen zusammen sind und Sie akzeptieren. Vielleicht passen Sie nicht in konventionelle Gruppen – wahrscheinlich werden Sie nicht in einem Country Club oder auf einer Kreuzfahrt anzutreffen sein –, aber mittlerweile können Sie leichter als je zuvor eine Interessengruppe finden, die Ihnen entspricht, und wo Sie auf Gleichgesinnte stoßen.

Ohne diese anderen Menschen würden Sie als Sonderling betrachtet werden, so als wäre irgendetwas mit Ihnen nicht in Ordnung. Aber das stimmt nicht. Das sollten Sie mittlerweile wissen. Da fällt mir noch etwas ein. Als ich im Internet zum Thema »hochbegabte Erwachsene« recherchiert habe, bin ich auf einige sehr interessante Dinge gestoßen: Hochbegabte Erwachsene sind endlos neugierig. Ihre Interessen wechseln häufig, daher wirkt es so, als würden sie nichts richtig »zu Ende bringen«. Diese Eigenschaften werden bei hochbegabten Erwachsenen am meisten kritisiert. Doch sie gehen mit einem aktiven, kreativen Geist einher, und einen solchen besitzen Sie.

ABENTEUER

Sie müssen nicht von zu Hause wegrennen, um Ihr Leben durch wahre Abenteuer bunter zu machen. Sobald Sie gelernt haben zu erkennen, was Sie gerne tun, sehen oder lernen und sich bewusst gemacht haben, wie wichtig dieses Wissen ist, haben Sie die Hälfte des Weges bereits geschafft: Ihr Geist öffnet sich, und alles wird anders. Sie wachen auf und haben das Gefühl, als hätten Sie gerade eine Ladung frische Luft eingeatmet. Das ist das wahre Abenteuer.

Die drei Phasen gespannter Erwartung

Immer wenn es so aussieht, als sei ein Traum möglich, könnten Sie Angst bekommen. Das Gefühl der Aufregung empfinden Sie möglicherweise zur Hälfte als Freude und zur Hälfte als Angst. Anfangs sind Sie angesichts einer großartigen Idee vorwiegend von Lust und froher Erwartung erfüllt. Doch es dauert nicht lange, bis die Angst größer wird und der innere Widerstand sich meldet, um Sie zu stoppen.

Ihre instinktiven Überlebensimpulse mögen zwar irrational sein, aber sie sind gleichzeitig sehr mächtig. Sie verdrängen häufig das angenehme Hochgefühl und bremsen Ihren Elan aus. Plötzlich kommen Ihnen Ihre Ideen unmöglich oder sogar dumm vor. Sie sagen Dinge zu sich selbst wie etwa: »Was für eine blöde Idee« oder »Was bilde ich mir überhaupt ein?« oder »Das wird nie funktionieren«.

Uns wird immer wieder gesagt, wir müssten uns durch diese Phase hindurchkämpfen, aber das kann äußerst schwierig sein und funktioniert häufig gar nicht. Das Gefühl der Entmutigung muss Ihnen jedoch nichts ausmachen, solange Sie erkennen, dass es sich lediglich um die zweite der drei Phasen der Aufregung handelt und diese vorübergeht. Lassen Sie Ihre Negativität und schlechte Laune zu und laden Sie ein paar gute Freunde zu einer Selbstmitleidsparty ein. Das wird Sie aufmuntern.

Sie müssen nicht gegen die Negativität ankämpfen. Dieser Zustand wird nicht anhalten, weil es langweilig wird. Wenn Sie sich von der Aufregung erholt haben, die Ihnen zunächst Angst gemacht hat, werden Sie die dritte Phase dieses Prozesses erreichen. Setzen Sie einfach einen Fuß vor den anderen, dann kommen Sie wieder richtig in Bewegung. Sie werden zwar nicht wie ein Adler dahingleiten, aber Sie werden die guten Elemente Ihres Traums erkennen und bereit sein, an den schwierigen Teilen zu arbeiten, da Ihr Erwachsenen-Ich aufgetaucht ist. Das ist der Teil von Ihnen, der die eigentliche Arbeit erledigt und Träume verwirklicht. Jedenfalls wird die Arbeit in der dritten Phase geleistet.

Rechnen Sie also damit, dass auf die erste positive Aufregung ein kleiner Zusammenbruch folgt, und machen Sie sich deshalb keine Sorgen. Sie sollten lediglich nicht in diesem Zustand verharren.

TERMINE,
DIE NICHT FUNKTIONIEREN

Eine Deadline ist keine Deadline, wenn Sie die einzige Person sind, die etwas davon weiß. Die menschliche Natur ist so beschaffen, dass sie uns fast immer zum Schummeln verleitet. Wenn Sie sich einen Termin setzen möchten, der funktioniert, sollten Sie jemand anderen damit beauftragen, Sie zu einem vereinbarten Zeitpunkt zu kontaktieren, um nachzuprüfen, ob Sie in die Gänge gekommen sind.

Also: Wenn Sie sich selbst versprechen, jeden Morgen zum Joggen zu gehen, wird es nicht lange dauern, bis Sie dieses Versprechen brechen. Wenn dagegen jeden Morgen jemand an Ihrer Tür klopft, um mit Ihnen zu laufen, werden Sie sich aus dem Bett quälen und es durchziehen. Vielleicht sind Sie ziemlich genervt, während Sie Ihre Schuhe zubinden, aber was soll's? Sie profitieren dennoch von Ihrem Training.

Ihre Familie ist dagegen

»Ich würde sehr gerne zum Volkstanzen gehen«, erzählte mir eine Klientin. »Aber meine erwachsenen Kinder haben gesagt, es sei albern und peinlich.«

»Gehen Sie zum Volkstanzen«, riet ich ihr. »Wenn es Ihren Kindern peinlich ist, so ist das deren Problem, nicht Ihres. Ihre Familie sollte stolz darauf sein, dass Sie neue Dinge ausprobieren, die Ihnen Spaß machen könnten. Genau so sollte man leben, und Ihre Kinder sollten in dieser Hinsicht etwas von Ihnen lernen, anstatt zu versuchen, Sie zu kontrollieren.«

Beeindruckende Menschen in Ihrem Leben

In der Hektik des Alltags können Sie leicht all die beeindruckenden Menschen vergessen, die in Ihrem Leben eine wichtige Rolle gespielt haben. (Manchmal kann es sich sogar um fiktive Personen handeln.) Aber das muss nicht so sein und Sie sollten das auch nicht zulassen. Denn diese Personen nähren Sie ebenso wie gesunde Nahrungsmittel.

Stellen Sie sich daher einen Moment lang vor, dass diese

Personen in Ihrer Nähe sind. Sie werden erkennen, dass jeder, der Ihr Herz je berührt hat, stets bei Ihnen ist und geduldig darauf wartet, Ihnen menschliche Wärme und Unterstützung zu schenken, sobald Sie an ihn denken.

Hauptberuflich tun, was Ihnen Spaß macht

Vielleicht ist es genau das, was Sie wollen, aber Sie sollten Ihre Lieblingsbeschäftigung zunächst eine Weile ausprobieren. Wahrscheinlich werden Sie einige überraschende Erkenntnisse gewinnen: Wenn Sie sich in jeder wachen Stunde dem widmen, was Ihnen Spaß macht, ist es nicht mehr so toll wie erwartet. Einen befriedigenden Job zu haben und sich nebenher Zeit für Ihr Projekt zu nehmen ist dann die bessere Alternative.

Ich bemühe mich stets, Menschen davon abzuhalten, ihren aktuellen Job aufzugeben, sofern ein paar grundlegende Kriterien erfüllt sind: ordentliche Bezahlung, vernünftige Arbeitszeiten, angenehme Kollegen. Wenn jemand etwa vom Schreiben leben will, rate ich ihm, es zunächst für eine Weile auszuprobieren, da er einige Überraschungen erfahren wird. Sowie einige Enttäuschungen. Wenn wir etwas hauptberuflich tun, wird es irgendwann zur Routine.

Gehen Sie achtsam und sorgfältig mit den Dingen um, die Ihnen Spaß machen. Sie gehören zu den wunderbarsten Elementen in Ihrem Leben.

BLOCKADEN
SPRENGEN

Die folgende Technik ist einfach, aber sehr wirkungsvoll, vor allem in Momenten, in denen Sie festhängen – etwa wenn Sie eine Schreibblockade haben oder mit einer Steuererklärung oder der Buchführung nicht weiterkommen.

Organisieren Sie ein oder mehrere Personen für Ihr Blockaden-Sprengkommando. Sie können sich online oder telefonisch verabreden oder sich zusammensetzen. Jeder von Ihnen beschreibt kurz, was er in den nächsten 55 Minuten schaffen möchte, und dann machen Sie sich alle an die Arbeit. Nach 55 Minuten berichten Sie einander, wie gut es gelaufen ist und was Sie in den nächsten 55 Minuten erledigen möchten.

Die 55 Minuten werden wie im Flug vergehen. Es ist beeindruckend, wie sehr die Situation sich durch ein solches Blockaden-Sprengkommando verändert.

KRITIK

Unfreundliche Kritik ist nie konstruktiv. Das ist auch nicht das Ziel. Eine solche Kritik legt es darauf an, Sie zu treffen und Ihnen ein schlechtes Gefühl zu vermitteln. Freundliche Kritik soll Ihnen helfen, etwas besser zu machen. Achten Sie darauf, welche Absicht ein Kritiker verfolgt.

Eine Strategie entwickeln

Je eher Sie ein Projekt in Angriff nehmen, desto mehr Energie werden Sie haben, auch alles Weitere umzusetzen. Machen Sie daher die ersten kleinen Schritte, sobald Sie ein Projekt ins Auge gefasst haben. Fragen Sie sich dann:

Was steht zwischen Ihnen und der Möglichkeit, Ihren Traumtag zu erleben? Was braucht es? Weder Mut noch Selbstbewusstsein, sondern die Unterstützung anderer Menschen; weder aufmunternde Worte noch eine Erbschaft, sondern eine Strategie, die Ihnen zeigt, was Sie als Erstes tun sollten, wie der zweite Schritt aussieht und all die weiteren, bis das Ziel schließlich erreicht ist.

Schlechte Jobs in gute verwandeln

»Ich habe sechs Jahre lang als Gefängniswärter gearbeitet, aber die Arbeit machte mir überhaupt keinen Spaß. Also kündigte ich und machte eine Fortbildung als Systemadministrator. Bereits kurz darauf wurde mir ein Job in einer Polizeiwache angeboten. Das hat in gewisser Weise etwas mit meinem ursprünglichen Job zu tun und die Zusammenarbeit mit den Leuten auf der Wache gefällt mir sehr. Die anderen verstehen meinen Humor.«

Egoismus und Großzügigkeit

Es ist nicht richtig, absolut egoistisch zu sein. Wenn Sie dagegen großzügig sind – besonders wenn das nicht typisch für Sie ist –, wird sich das auf beeindruckende Weise auf Ihr Selbstwertgefühl auswirken.

EIERN
Sie nicht herum

Wenn Sie etwas erledigen müssen, aber keine Lust dazu haben, gibt es zwei Möglichkeiten: Entweder Sie beschließen, es nicht zu tun, und damit hat es sich dann auch. Treffen Sie eine Entscheidung. Oder Sie beschließen, sich der Aufgabe zu widmen, und nehmen sie entschlossen in Angriff.

Anders ausgedrückt: Wenn Sie nicht drum herumkommen, sollten Sie beherzt loslegen.

Etwas schlecht und widerwillig zu tun ist schwach und nagt an Ihrem Selbstwertgefühl.

Keine Angst vor einer negativen Einstellung

Es heißt zwar häufig, eine negative Haltung zerstöre jeden Traum und jedes Projekt, aber das stimmt keineswegs. Jedenfalls verschwindet eine negative Einstellung ebenso wenig wie andere Probleme, nur weil Sie so tun, als sei sie nicht vorhanden, und ein krampfhaftes Lächeln aufsetzen.

Tatsächlich haben Sie viele Dinge in Ihrem Leben ohne eine positive Einstellung geschafft – manches sogar mit einer richtig negativen Haltung. Manche Menschen sind sich sicher, dass sie eine Prüfung nicht bestehen werden. Und obwohl sie mit dieser Einstellung zur Prüfung gehen, schneiden sie am Ende gut ab.

Sie sollten keine zu große Angst vor einer negativen Einstellung haben. Sie werden tun, was Sie tun müssen, egal welche Haltung Sie in dem Moment haben.

Sich selbst zu schelten heißt, sich etwas vormachen

Sie machen sich in gewisser Weise etwas vor, wenn Sie sich selbst vorwerfen, Sie hätten etwas vermasselt und sich unkorrekt verhalten.

Angesichts eines extrem hohen Anspruchs an sich selbst halten Sie sich grundsätzlich für vorbildlich und tugendhaft, solange Sie sich immer wieder ein schlechtes Gewissen machen, wenn Sie diesem Anspruch nicht gerecht werden.

GENUG IST GENUG

Wenn etwas für Sie langweilig wird, haben Sie in der Regel genug davon, und Ihr Verstand weiß es auch. Wahrscheinlich haben Sie eine rasche Auffassungsgabe, und sobald es in einem Bereich nichts Neues mehr zu lernen gibt, schwindet auch Ihr Interesse daran. Und genau so sollte es sein!

Lassen Sie sich von niemandem einreden, Sie seien faul. Auf manche Dinge haben Sie einfach keine Lust. Das ist eine einfache Tatsache. Manches werden Sie hin und wieder trotzdem tun müssen. Aber denken Sie nie, es sei eine Tugend, etwas Langweiliges endlos weiterzumachen.

Sie möchten glücklich sein? Eine Studie empfiehlt: Kaufen Sie mehr Essen zum Mitnehmen und engagieren Sie eine Haushaltshilfe

Seit vielen Jahren empfehle ich meinen Lesern und Seminarteilnehmern, jemanden zu engagieren, der ihre Wohnung putzt und andere Dinge für sie erledigt. »Selbst wenn Sie einen Tag im Monat dafür arbeiten müssen, um diese Person zu bezahlen, profitieren Sie davon«, sage ich stets. »Denn solange Sie dafür verantwortlich sind, Ihre Wohnung sauber und in Ordnung zu halten, beschäftigt Sie das ständig, egal ob Sie die Arbeit erledigen oder nicht.« (Ich müsste staubsaugen. Eigentlich müsste ich jetzt die Wäsche machen und so weiter.) Ihre Gedanken drehen sich um alle möglichen alltäglichen Belange, sodass Sie nicht tun, was Ihnen eigentlich Spaß macht. Wenn eine Haushaltshilfe alle ein bis zwei Wochen zu Ihnen kommt, können Sie all diese Gedanken vergessen und sich Ihrem Buch widmen (oder Ihrer Geschäftsidee oder all den anderen Dingen, die Sie wirklich tun wollen).

Es gibt sogar eine Studie, die meine Empfehlung bestätigt. Leser haben mir einen Artikel aus der ›New York Times‹ weitergeleitet, der dies belegt – und sogar noch darüber hinausgeht!

Niraj Chokshi »Want to Be Happy? Buy More Takeout and Hire a Maid, Study Suggests«. NY Times, 27. Juli, 2017 https://nyti.ms/2u1fXcm

Und hier ein kurzes Zitat aus dem Artikel:

»Es ist eine zentrale Frage für den Alltag: Geben Sie Geld aus, um Zeit zu sparen, oder verbrauchen Sie Zeit, um Geld zu sparen? Nun, wenn Glück das Ziel ist, sollten Sie vielleicht darüber nachdenken, Ihre Geldbörse zu öffnen.

Das ist das Fazit einer Studie, die von der *National Academy of Sciences* veröffentlicht wurde. Die Ergebnisse der Studie deuten auf Folgendes hin: Wer Geld ausgibt, um Zeit zu sparen, kann angesichts begrenzter Zeit im Alltag Stress reduzieren und somit das eigene Glücksempfinden fördern.«

Sie bilden sich GERN weiter und lernen gerne Neues?

Wenn es sich so verhält – wie können Sie damit Geld verdienen? Nun, die Person aus dem folgenden Beispiel zeigt, wie es funktioniert. Vielleicht bekommen Sie so ein paar Ideen.

»Ich forsche im Bereich Komparatistik, und obwohl der Prozess manchmal langweilig ist, entdecke ich viele Autoren und stoße auf Querverbindungen zwischen der Literatur und Fachbereichen wie etwa Geschichte oder der Psychologie.

Gerade schreibe ich meine Doktorarbeit über Kinderliteratur aus Deutschland, Großbritannien und Spanien. Bis diese abgeschlossen ist, wird meine Arbeit durch ein Forschungsstipendium finanziert. Da ich schon immer ein Bücherwurm war, habe ich stets eine gute Ausrede, wenn ich etwas lese – selbst wenn es nicht unmittelbar etwas mit meinem aktuellen Forschungsprojekt zu tun hat. Zudem hatte ich bereits die Möglichkeit, an sehr interessanten Fachkongressen teilzunehmen. Demnächst werde ich im Rahmen meiner Forschungsarbeit für vier Monate in Deutschland sein. Ich bin ein bisschen aufgeregt, aber auch sehr gespannt darauf.«

Ich liebe die Kunst und die Vielfalt

»Die meisten Jobs in meiner Stadt, Austin, gibt es im Technologiesektor, im Marketing-, Lebensmittel- oder Kunstbereich, und ich wusste nie, welche Möglichkeiten ich beruflich haben würde. Allerdings findet hier auch ein großes Filmfestival statt. Und nachdem ich ein paar Freunden dabei geholfen hatte, wurde ich engagiert und arbeite nun bei vielen spannenden Projekten mit. Ich bin quasi ›Mädchen für alles‹, mache Besorgungen und suche nach Sachen, die benötigt werden. Es ist ein großartiger, sehr abwechslungsreicher Job.«

Zu früh oder zu spät und warum?

Bei Menschen, die ständig zu spät kommen, läuft irgendein Prozess im Kopf ab. Nachdem ich viele dazu befragt und mir meine eigenen Gedanken dazu gemacht habe, bin ich zu folgendem Schluss gekommen: Solche Menschen wollen einfach nicht zu früh kommen. Lieber riskieren sie es, unpünktlich zu sein. Es gehört fast zu ihrem Wesen dazu.

Ich kenne Menschen, die sehr gerne gerade noch rechtzeitig zu einem wichtigen Termin eintreffen. Im Gegensatz zu denjenigen, die es hassen, in Eile zu sein und sich lieber zu viel Zeit nehmen oder zu früh fertig sind. Ich kenne zum Beispiel jemanden, der mit Begeisterung die Uhr austrickst.

»Matt macht sich um 8.32 Uhr auf den Weg zur Schule und kommt um 8.29 Uhr dort an«, erzählte mir seine Mutter, während er diebisch grinste und sich unbändig darüber freute, ein Wettrennen zu gewinnen, von dem sonst keiner etwas wusste.

»Was ist das für ein Spiel?«, fragte ich ihn lächelnd, denn es war offensichtlich, dass er irgendeine Strategie hatte.

»Das ist so ein Männerding beziehungsweise eine Art persönlicher Wettkampf«, antwortete er. »Es ist, als würde ich beim Basketball einen perfekten Korb werfen. Es ist das Gleiche, wenn ich ein Stück zusammengeknülltes Papier in einen Papierkorb werfe und treffe. Es macht mir riesigen Spaß.«

Berufliche
KONFLIKTE

»Ich bin Ingenieur«, erzählte mir ein Klient, »aber ich wollte schon immer ein Schauspieler sein. Ich weiß, wie gering die Chancen auf Erfolg sind, wenn man als Schauspieler arbeitet, aber es gefällt mir nun mal so gut. Also habe ich beides gemacht!« Wie ist ihm das gelungen? In seiner Freizeit nahm er Schauspielunterricht und bekam schließlich ein paar kleine Rollen, die sich mit seinem Hauptberuf vereinbaren ließen. Aufgrund seiner guten schauspielerischen Leistungen erhielt er flammende Kritiken. Ein paar Theaterleute wurden auf ihn aufmerksam und boten ihm weitere Rollen an, was ihn enorm freute.

Nach einer Weile kam es dann doch zu zeitlichen Konflikten. Er erhielt das Angebot, vier Wochen lang mit einem Theater auf Tournee zu gehen, und wusste nicht, wie er das mit seinem Job unter einen Hut bekommen sollte.

»Mein Chef erkannte, wie entschlossen ich war, an dieser Tournee teilzunehmen, und er wollte mich nicht ersetzen. Also gab er mir Aufgaben, die ich online erledigen konnte, während ich unterwegs war.«

Führungspersönlichkeiten

Ich habe gehört, dass Führungspersönlichkeiten sich nicht von anderen Menschen unterscheiden und auch nicht mehr Wissen haben. Es handelt sich lediglich um Leute, die Initiative ergreifen, wenn es sonst niemand tut, und die versuchen, Lösungen für ein Problem zu finden.

Sind Sie eine Führungspersönlichkeit?

Ungewöhnliche Jobs (2)

Mein Mann und ich leiten ein Sicherheitsunternehmen. Wir setzen Sicherheitsleute und Wachpersonal auf Firmenarealen, in Krankenhäusern und bewachten Wohnsiedlungen ein. Wir haben sehr klein angefangen, machten uns schlau, wie man Wachpersonal ausbildet und eine Lizenz bekommt, und mittlerweile ist unsere Firma in zehn Bundesstaaten vertreten. Sie ist nach wie vor ein Familienunternehmen.

Wenn Ihnen der FOKUS fehlt

Wenn Sie so sind wie ich und sich manchmal dabei ertappen, dass Sie in jeder Hand ein Stück Papier halten, ohne zu wissen, was Sie gerade tun wollten, sollten Sie wahrscheinlich ein Nickerchen oder einen knackigen Spaziergang machen. Danach (oder stattdessen, falls Sie weitermachen müssen, selbst wenn Ihr Geist Ihnen im Moment dabei nicht helfen kann), sollten Sie Folgendes tun:

Widmen Sie sich einer geistlosen, ruhigen Aufgabe, die das Projekt weiterbringt.

Manchmal sitze ich vor dem Fernseher und ordne verschiedene Unterlagen. Wenn mein Geist jedoch selbst dafür zu vernebelt ist, bin ich zumindest noch in der Lage, ein paar Dinge zu sortieren, die nichts mit Texten zu tun haben: Ich kann Kisten von einem Ort zum anderen räumen, Mülleimer ausleeren, leere Aktenordner bereitstellen, sodass ich sie zur Hand habe, wenn ich sie brauche. Auf diese Weise wird der Raum weniger chaotisch. Und wenn ich selbst dazu nicht in der Lage bin, spüle ich das Geschirr, putze die Küche und höre dabei Radio. Erfolg und innere Befriedigung sind garantiert.

Blinder Aktionismus bringt nichts

Manchmal benötigen wir eine Übergangsphase zwischen unserer aktuellen Situation und unserem nächsten Ziel. Wir lassen etwas Altes los, haben aber noch nichts Neues gefunden, worauf wir uns ausrichten könnten und das uns somit Halt gäbe. Prüfen Sie, ob Sie einen Zwischenschritt machen können, um sicherer zu werden.

Sie müssen nicht immer alles erklären

Wenn Sie beschließen, sich aus einer schlechten Beziehung zu lösen, wird der andere Sie mit großer Sicherheit halten wollen und von Ihnen Erklärungen verlangen. Es ist nicht leicht, sich zu vergegenwärtigen, dass man nicht alles begründen muss, sondern einfach handeln kann.

Falls Sie jedoch kein gutes Gefühl dabei haben, sich einfach leise davonzustehlen, möchten Sie vielleicht eine Erklärung parat haben, warum Sie sich so verhalten, allerdings ohne sich zu rechtfertigen. Sie könnten zum Beispiel sagen:

»Ich fühle mich nicht wohl in unserer Beziehung. Es tut mir leid, aber das ist der Grund, warum ich gehe« oder »Ich glaube, die Beziehung tut mir nicht gut«.

Jemand, der wütend reagiert oder sein eigenes Verhalten rechtfertigen möchte, wird meist versuchen, Sie in eine Diskussion zu verstricken. Das wollen Sie allerdings nicht. Sie könnten daher sagen: »Ich möchte klarstellen, dass ich nicht darüber reden möchte. Bis bald.« Dann sollten Sie gehen. Sie sind nicht verpflichtet, bei jemandem zu bleiben, und müssen nicht erklären, warum Sie auf die Gesellschaft des anderen keinen Wert legen.

Aber was ist, wenn es dem anderen deshalb schlecht geht? Daran können Sie nichts ändern. Es ist nicht immer ratsam, sich über die Gefühle aller anderen Gedanken zu machen. Und wahrscheinlich haben Sie gute Gründe, warum Sie sich aus der Beziehung lösen möchten, selbst, wenn diese nur auf einem Bauchgefühl basieren. Und vielleicht lernt der andere etwas aus dieser Erfahrung und verändert sein Verhalten zum Positiven.

TRAUM
und Illusion

Manchmal verwirklichen wir einen Traum nicht, weil wir befürchten, die Realität könnte weniger schön sein als die Traumillusion. Machen Sie kleine Schritte bei der Verfolgung Ihres Traums, dann verschwindet dieses Problem in aller Regel.

Fallen Sie nicht auf »Allmachtsfantasien« herein – fangen Sie an zu denken!

Im Spätabendprogramm sind oft Leute zu sehen, die uns weismachen wollen, es gäbe keine Grenzen und wir wären unbesiegbar – wenn wir nur daran glaubten. Sie stellen Techniken vor, die auf männlichem Wettkampfdenken und Konkurrenzmodellen basieren und offenbar für Herausforderungen von sehr kurzer Dauer geeignet sind – wie zum Beispiel für ein Fußballspiel. Doch leider sind solche Techniken bei der Suche nach Träumen völlig nutzlos.

Zwei Probleme haben sich daraus ergeben. Das schlimmere

der beiden ist die wachsende Anzahl von Menschen, die an sich selbst zweifeln, weil sie nicht glauben können, allmächtige Götter zu sein. Das zweite Problem besteht darin, dass die Menschen vergessen, was tatsächlich erforderlich ist, um Zuversicht zu entwickeln: Dinge wie aktives Handeln, Unterstützung und strategisches Denken.

Sie brauchen keine Muskeln – sondern einen Plan.

So zu tun, als wären Sie ein Riese, kann bedeuten, dass Sie befürchten, sehr klein zu sein – und das stimmt ebenfalls nicht. Entspannen Sie sich also und treten Sie der menschlichen Spezies bei. So können Sie Platz für Denkprozesse schaffen, die der realen Welt entsprechen und menschengerecht sind.

Menschen haben einen sehr guten Geist, und unsere größte Stärke ist die Fähigkeit, herausragende Strategien zu entwickeln.

Ich SOLLTE und MÜSSTE

Haben Sie sich je dabei ertappt, dass Sie gedanklich ständig – mehr oder weniger bewusst – eine endlose Litanei wiederholen, was Sie alles tun müssten, obwohl Sie es eben nicht tun? Es ist wie eine ungeschriebene To-do-Liste, die allerdings einen weiteren Aspekt enthält.

Ein solches Dauergemurmel erinnert uns ständig daran, wie unzulänglich wir sind.

»Ich treibe nicht genug Sport, ich müsste die Schränke putzen, ich hätte meine Arbeit vor einer Woche abgeben müssen, ich sollte mehr Spaß haben! Ich sollte aufhören, mich zu kritisieren!«

Egal worum es sich handelt, die Botschaft lautet: Wir haben uns in letzter Zeit zu wenig um alle möglichen Dinge gekümmert. Wir erinnern uns somit ständig daran, wie ungenügend wir sind.

Ich frage mich, warum wir uns das antun. Welche Gefahr bestünde unserer Meinung nach, wenn wir nicht ständig an unsere Unzulänglichkeit denken würden? Ist es schlecht, sich nicht länger zu schämen?

Was würde geschehen, wenn wir mit dieser Litanei aufhören würden?

Ich frage Sie daher: Wie würden Sie Ihren Tag erleben, wenn Sie dieses gedankliche Gemurmel irgendwie stoppen könnten? Es ist ein interessantes Experiment. Was müsste geschehen, damit Sie sich nicht länger schelten, weil Sie in der letzten Zeit bestimmte Dinge nicht getan haben, die Sie hätten tun sollen? Worauf würde Ihr Geist sich ohne das Dauergemurmel ausrichten?

Probieren Sie es aus. Sie könnten erkennen, dass Sie in Ordnung sind, so wie Sie sind.

Einmal pro WOCHE verrückt sein

Eine kurzzeitige emotionale Sicherheit zum Preis vieler Stunden des Kummers und Bedauerns erweist sich letztlich stets als schlechtes Geschäft.

Aktiv zu werden, geht mit Mut und Integrität einher. Allerdings würden die meisten von uns lieber sterben, als von der Öffentlichkeit als unklug oder gar albern betrachtet zu werden. Es ist an der Zeit, das zu ändern. Beschließen Sie heute, sich einmal pro Woche in eine äußerst peinliche Situation zu bringen. Belohnen Sie sich dafür, wenn Sie möchten. Überweisen Sie Geld auf ein Konto, mit dem Sie einen tollen Urlaub oder einen Gegenstand finanzieren können, der Ihnen sehr gut gefällt, denn Kämpfer sollten belohnt werden.

Sollten Sie es riskieren, sich zu blamieren und abgelehnt zu werden, während Sie sich einem Wunsch widmen, oder lieber in Sicherheit im Schatten bleiben? Wie werden Sie sich fühlen, wenn Sie solche emotionalen Risiken eingehen? Vielleicht kommen Sie sich albern dabei vor oder wie ein großer Dummkopf. Das kann passieren, und es bringt nichts, sich diesbezüglich etwas vorzumachen.

Wägen Sie diese Gefühle nun gegen die innere Befriedigung ab, die sich einstellt, wenn Sie jeden Tag das tun, was Sie begeistert, woran Sie wirklich glauben. Wägen Sie die Sicherheit, nichts zu tun, gegen die Freude darüber ab, in Ihrem Leben vorwärtszukommen, etwas oder jemanden zu finden, das beziehungsweise den Sie lieben, und die Dinge zu verwirklichen, die Sie zur Gestaltung eines großartigen Lebens brauchen.

Versteckte Begabungen

Bei manchen Dingen, die wir gerne tun, lässt sich unser Talent nur schwer erkennen. »Ich liebe das Eislaufen«, erzählte mir eine Klientin, »aber ich bin grottenschlecht darin.« Und das stimmte tatsächlich.

Trotzdem hatte sie eine bestimmte Begabung, die in diesem Zusammenhang zutage trat. In ihrem Fall handelte es sich um das Talent und die Begeisterung dafür, etwas zu meistern. Bei einer Aufgabe, die ihr sehr schwerfiel, bemühte sie sich so lange, bis sie ihr Bestes gegeben hatte. Das ist eine ungewöhnliche Gabe.

Sobald sie beim Eislaufen ihren größtmöglichen persönlichen Einsatz gebracht hatte, war die Klientin äußerst zufrieden. Sie war keine schlechte Läuferin mehr, würde aber auch nie erstklassig darin werden. Bei ihr ging es jedoch nicht ums Eislaufen selbst, sondern darum, etwas zu meistern, was sie herausforderte.

Prüfen Sie, ob Ihre Begabung sich ebenfalls auf irgendeine Weise versteckt.

Falsche Überzeugungen

Einen großen Einsatz bei etwas zu bringen, das uns keinen Spaß macht, bedeutet, ein verantwortungsbewusster Erwachsener zu sein.

Stimmt das tatsächlich? Meiner Meinung nach bedeutet es vielmehr, »ein bedauernswerter Erwachsener« zu sein.

Wir können nicht immer tun, was uns am meisten Spaß macht. Aber wir können das Gegenteil davon nicht als einen akzeptablen Lebensstil hinnehmen. Manchmal ist es nötig, für eine Weile in einem unangenehmen Job zu arbeiten. Sie sollten jedoch dafür sorgen, dass Sie sich nicht Ihr ganzes Leben lang dazu verpflichten, denn das ist kein Leben.

Seien Sie stolz auf Ihre Errungenschaften

Sobald Sie sich die Freiheit zugestehen, sich dem zu widmen, was Sie begeistert, könnten Sie dazu neigen, die Dinge zu verachten, die Sie im Moment tun, egal ob Sie zu Hause sind und Ihre Kinder großziehen oder Daten in einen Computer eingeben.

Das ist aus zwei Gründen falsch: Erstens ist jede Arbeit, die Sie tun, eine Leistung, die Respekt verdient, vor allem

Ihren eigenen. Seien Sie stolz auf die harte Arbeit, die Sie leisten, um alles für Ihre Familie und sich selbst reibungslos am Laufen zu halten. Angesichts der Tatsache, dass es sich möglicherweise nicht um Ihren Traumjob handelt, hätten Sie dafür eine Medaille verdient.

Und zweitens bringt es Sie bei den Projekten, die Sie begeistern, ein gutes Stück weiter, wenn Sie stolz auf sich sind. Nutzen Sie dieses Gefühl bei der Suche nach Ihrem Traum sowie bei dessen Verwirklichung als Stärke.

Wenn Sie mit einer Tätigkeit, die Sie nicht zu Freudensprüngen animiert hat, bereits so weit gekommen sind, wie großartig werden Ihnen dann erst die Dinge gelingen, für die Sie tatsächlich geschaffen sind?

Multitalentierte Menschen (Scanner) hassen Langeweile!

Langeweile ist für sie wie Kryptonit, der toxische Stoff, der Superman schwach macht. Langeweile ist ein sicheres Zeichen dafür, dass Sie etwas tun, was Sie nicht tun sollten. Vertrauen Sie diesem Signal!

BESTNOTEN

Es ist so verrückt. Wie viele Eltern sagen zu ihren Kindern: Du musst der/die Beste sein? Als ob man das, was sie lernen, mit dem vergleichen müsste, was jemand anderer lernt – als wäre es ein Wettkampf, den es zu gewinnen gilt.

Diese Haltung raubt uns jegliches Gefühl dafür, wer wir sind, was uns interessiert, wie spannend es ist, neue Dinge zu lernen – über Menschen, die vor langer Zeit gelebt haben, darüber, wie Musik komponiert wird und was klassische Musik uns vermitteln will, oder etwa zu erfahren, warum manche Leute immer wieder behaupten, mathematische Gleichungen seien »elegant« und »wunderschön«. Wenn wir Wissenschaftlern begegnen, können wir zum Beispiel ihre kindliche Freude angesichts neuer Erkenntnisse miterleben. Das Lernen ist etwas äußerst Persönliches und Lustvolles, so wie die Liebe, eine Umarmung oder eine schöne heiße Dusche an einem kalten Tag.

Wie soll man bei solchen Dingen der Beste sein? Und warum sollte man das überhaupt wollen?

Angenommen, wir wollen die besten Noten in der Schule bekommen. Geht es tatsächlich darum, wenn das Lernen etwas Spannendes bleiben soll? Natürlich nicht. Gute Lehrer vermitteln uns eine Liebe zum Lernen. Sie möchten uns dafür begeistern nachzudenken, Dinge zu entdecken und uns von verschiedensten Ideen faszinieren zu lassen.

Wie soll es uns gelingen, die/der Beste zu sein? Wie kann jemand überhaupt die/der Beste sein? Das Ganze ist vollkommen abstrus.

»Meine Eltern wollten das Beste für mich«, erklärte mir

eine Klientin. »Sie spornten mich daher stets dazu an, möglichst die Beste in meiner Klasse zu sein.« Nein, die Eltern dieser Klientin wollten nicht das Beste für sie, da sie offensichtlich keine Ahnung hatten, was das Beste war. Vielleicht wünschten sie sich die besten Chancen für sie, damit sie den reichsten Mann heiraten konnte. Oder damit sie an den besten Universitäten studieren konnte und beruflich erfolgreich wäre. Einen Lebensstil zu finden, der gut zu ihr passte und sie zutiefst erfüllte, fehlte bei diesem Plan allerdings.

Das wäre eine lebenswirkliche Erfahrung. Und sie hat nichts damit zu tun, »Die Beste« zu sein.

Die Freiheit, Fehler zu machen

Jeder, der denkt, man dürfe keine Fehler machen, ist nicht recht bei Verstand. Es gibt nun mal keinen anderen Weg, um etwas zu lernen. Setzen Sie lediglich nicht zu viel aufs Spiel – damit Sie eine neue Chance haben, falls Sie sich täuschen sollten.

Und was ist, wenn Sie scheitern? Solange Sie Ihre eigenen freien Entscheidungen treffen, haben Sie auch die Freiheit, etwas so lange zu versuchen, bis es Ihnen gelingt, egal wie viele Fehler Sie machen. Sollten Sie der Meinung sein, Sie müssten alles richtig machen oder Erfolg haben, ist es für Sie an der Zeit, sich Ihre Freiheit zurückzuerobern.

UMWEGE

Manchmal befinden Sie sich auf einem Weg, der Ihnen großen Spaß macht, aber aus vielerlei Gründen sind Sie der Meinung, Sie müssten Ihre Sache zum Beruf machen und Geld damit verdienen. Oder Sie landen bei einem Lehrer, der Sie in eine Richtung drängt, die Ihnen nicht entspricht. Oder aber Sie stellen fest, dass Sie von sich aus abdriften.

In all diesen Fällen rate ich Ihnen, ein paar Umwege zu machen. Widmen Sie sich eine Weile lang anderen Dingen, die Sie interessieren. Suchen Sie sich idealerweise etwas, das sich vollkommen von Ihrem ursprünglichen Weg unterscheidet. Falls Sie zum Beispiel ein Schriftsteller sein wollten, könnten Sie nun an einem Zeichenkurs teilnehmen und so Ihren Blick auf Ihr Umfeld schärfen. Oder Sie lernen zu kochen. Vielleicht besuchen Sie auch all die Viertel in Ihrer Heimatstadt, die von verschiedenen Ethnien geprägt sind, und betrachten gezielt die Architektur oder Gartengestaltung dort.

Machen Sie ein größeres Projekt daraus und wirbeln Sie Ihre Träume auf diese Weise etwas durcheinander.

Selbst wenn Sie etwas tun, das Ihnen sehr gut gefällt, kann sich ein gewisser eintöniger Trott einstellen. Sich mit neuen Interessengebieten zu beschäftigen kann Ihrer Kreativität neuen Schwung verleihen und Ihnen einen frischen Ansatz für Ihr ursprüngliches Projekt bescheren.

Die Welt
BESTRAFEN

Dieses Verhalten kommt nicht allzu häufig vor, aber es lohnt sich, darauf zu achten. (Es ist durch Dinge gekennzeichnet, die für ein kleines Kind typisch sind. Menschen entwickeln es nämlich in der Regel, wenn sie noch sehr klein sind, vergessen dies im Laufe der Zeit allerdings.)

Manche von uns bestrafen »die Welt«, indem sie sich selbst Dinge vorenthalten, die sie sich wünschen.

Es kann schwer sein, diese Logik zu verstehen, aber am besten erkennen Sie dieses Verhaltensmuster, wenn Sie sich fragen, ob Sie sich regelmäßig etwas vorenthalten. Versagen Sie sich für gewöhnlich etwas, selbst wenn Ihr Wunsch unproblematisch und nicht teuer wäre und zudem nicht zu viel Platz in Anspruch nehmen und auch sonst keine Probleme nach sich ziehen würde?

Achten Sie darauf. Diese Gewohnheit verstärkt eine Haltung, die Sie nicht fördern möchten: etwa dass Sie nichts Gutes verdient hätten oder sich anderen Leuten überlegen fühlen, die das für sich sehr wohl in Anspruch nehmen.

Wessen Traum versuchen Sie zu leben?

Eine Klientin berichtete mir, Sie sei aufgrund widerstreitender Kräfte innerlich wie gelähmt. Auf der einen Seite war sie sehr ehrgeizig, doch auf der anderen Seite fühlte sie sich durch irgendeine Kraft blockiert, die genauso stark war und sie keinen Schritt vorwärtskommen ließ.

»Ich begann eine Lösung zu finden, als ich erkannte, dass meine Ambitionen nicht meine eigenen waren. Mein Vater hatte mir immer wieder eingeredet, ich müsse wichtig sein, um als Mensch etwas wert zu sein. Seiner Meinung nach sollte ich *unbedingt* die erste weibliche Präsidentin werden. Ich hasste diese Vorstellung!

Eines Tages hatte ich dann eine überraschende Erkenntnis. Mir wurde plötzlich bewusst, dass *mein* Bestreben darin bestand, Spaß zu haben! Auf eine nützliche Weise, indem ich anderen half und Gutes tat, aber stets so, dass es mir Spaß machte. Sobald mir klar wurde, dass mein Leben mir gehört (zu diesem Zeitpunkt war ich 47 Jahre alt), veränderte sich alles für mich.

Seitdem bin ich drei Mal in China gewesen, habe meinen Hochschulabschluss in Englisch gemacht und war neben vielen anderen Dingen der erste Mensch aus dem Westen, der an der Universität der Volksbefreiungsarmee unterrichtet hat. Das ist ziemlich gut für jemanden, der früher nichts genießen und sich keine Abenteuer gönnen konnte, die Spaß machten.«

Wie sieht es mit Ihren Ambitionen und Träumen aus? Sind es Ihre eigenen? Oder die eines anderen?

WUT

Wenn Sie auf geliebte Menschen wütend sind, sich ungerecht behandelt fühlen, verdeckt Ihre Wut in Wirklichkeit Ihre Verletztheit. Sie können die Wut erst überwinden, wenn Sie sich Ihr emotionales Leid eingestehen und zum Ausdruck bringen (zumindest sich selbst gegenüber, wenn Sie alleine sind).

Wenn anderen unsere Träume nicht gefallen

Allzu häufig machen wir uns Gedanken darüber, was andere wohl von unseren Träumen halten mögen. Wir denken »Ach, sie meinen bestimmt, ich sei nicht ganz bei Trost« oder »Sie werden mich auslachen«. Manchmal hegen wir auch Gedanken wie: »Meinen Kindern ist es sicherlich peinlich, wenn ich mich diesem Projekt widme.«

Das ist tatsächlich ein Problem, das wir lösen sollten. Wir sollten uns jedoch stets Folgendes bewusst machen: Die Menschen, denen unsere Entscheidungen nicht gefallen, machen fast nie konstruktive Vorschläge. Wenn jemandem Ihr Vorhaben dumm erscheint, sollten Sie ihm höflich und interessiert ein paar Fragen stellen.

Sie könnten zum Beispiel sagen: »Vielleicht haben Sie recht. Was sollte ich Ihrer Meinung nach stattdessen tun?«

Wenn Ihr Gesprächspartner Ihnen keine Alternativen nennen kann, denkt er lediglich an sich selbst. Vielleicht befürchtet er, dass er Ihretwegen dumm dastehen wird. In diesem Fall handelt es sich natürlich nicht um Ihr Problem, sondern allein um das des anderen.

Sagen Sie in einem solchen Moment lediglich: »Denken Sie etwas darüber nach. Ich würde sehr gerne hören, zu welchem Schluss Sie kommen, und werde Ihre Vorschläge mit ehrlichem Interesse zur Kenntnis nehmen. Doch bis dahin versuchen Sie bitte nicht, mich aufzuhalten. Ich habe gerade eine sehr gute Zeit! Sie sollten vielleicht einmal das Gleiche wie ich ausprobieren.«

Lassen Sie nicht zu, dass Ihre Träume und Wünsche durch die Meinung anderer beschädigt werden.

KUMMER
VERMEIDEN

Ich habe einmal eine Fabel gelesen, die mir stets in Erinnerung geblieben ist. Sie enthält eine sehr wichtige Lehre, daher möchte ich sie Ihnen gerne erzählen. Sie ist besonders nützlich, wenn Sie versuchen, Gefühle des Kummers oder der Trauer zu vermeiden, was wir alle offenbar automatisch tun.

Ein älterer und ein jüngerer Mönch waren gemeinsam unterwegs. Sie hatten eine Regel, wonach keiner vor Sonnenuntergang sprechen sollte. Eine weitere Regel gab vor, niemals eine Frau zu berühren.

Nachdem sie eine Zeit lang gelaufen waren, kamen sie zu einem Fluss. Am Ufer saß eine Frau, die nicht in der Lage war, den Fluss zu überqueren. Ohne einen Moment zu zögern, nahm der ältere Mönch die Frau huckepack und trug sie hinüber. Dann setzte er sie wieder ab und ging weiter.

Der jüngere Mönch war überrascht und entsetzt und wollte den älteren Mönch fragen, warum er das getan hatte. Aber es war noch früh am Tag, und er wusste, dass es ihm nicht erlaubt war zu sprechen. Also setzten die beiden ihren Weg schweigend fort.

Als die Sonne schließlich untergegangen war, fragte der jüngere Mönch den älteren fast verzweifelt: »Warum hast du das gemacht? Wie konntest du eine Frau tragen? Wir dürfen so etwas nicht tun!«

Der ältere Mönch sah ihn ruhig an und antwortete: »Ja, ich habe sie getragen. Und ich habe sie auf der anderen Seite des

Flusses abgesetzt. Aber du hast sie den ganzen Tag mit dir herumgetragen.«

Für mich enthält diese Geschichte die folgende Botschaft: Wenn wir Trauer und Kummer vermeiden möchten, sollten wir erkennen, dass wir sie nicht loswerden können, bevor wir bereit sind, diese Gefühle anzunehmen. Lassen Sie Ihre Trauer zu. So werden Sie in der Lage sein, sie zu verarbeiten und darüber hinwegzukommen. Wenn Sie das nicht tun, werden Sie dieses Gefühl den ganzen Tag mit sich herumschleppen.

Jedes Mal.

Die Weisse-Elefanten-Party

Eine Bekannte von mir, die viele Jahre mit einem Psychiater verheiratet war, mit dem ich zusammengearbeitet habe, erzählte mir eine beeindruckende Geschichte darüber, wie man jemanden zum Verlieben und Heiraten finden kann. Dieser Punkt steht auf der Wunschliste der meisten Leute sehr weit oben.

Als sich meine Bekannte vor langer Zeit einmal mit einer Gruppe von Freundinnen traf, wurde ihnen bewusst, dass sie alle nach einem Mann suchten, der berufstätig war und ein gutes finanzielles Auskommen hatte. Da sie zu zwölft waren, beschlossen sie, einmal pro Monat eine Party zu veranstalten und dazu alle Männer einzuladen, die sie kannten und die diese Kriterien erfüllten. Männer, bei denen es noch nicht gefunkt hatte.

»Wir luden Ex-Ehemänner ein sowie Kandidaten, mit denen wir Rendezvous gehabt hatten, aus denen sich allerdings nicht ›mehr‹ entwickelt hatte, darüber hinaus unsere Cousins und Brüder. Innerhalb von ein paar Monaten hatten wir sechs Verlobungen und eine zwölfmonatige Warteliste!«

Im Laufe der Jahre habe ich diese Geschichte häufig erzählt und ich erfuhr immer wieder von wunderbaren Partys, die in verschiedenen Städten auch von Männern organisiert wurden, die gerne Frauen kennenlernen wollten.

Es dauerte eine Weile, bis ich herausfand, warum diese Partys als »Weiße-Elefanten-Partys« bezeichnet werden. Hier ist eine Definition dazu:

Ein weißer Elefant ist ein nutzloser oder lästiger Besitz. Vor allem ist er teuer im Unterhalt, und es ist schwer, ihn wieder loszuwerden.

Witzig. :-) Aber es funktionierte!

VERGLEICHE

Jemand, bei dem von außen betrachtet alles fantastisch wirkt, könnte in seinem Inneren Gefühle verbergen, die tausend Mal unangenehmer sind als Ihre eigenen.

Vergleichen Sie sich nie mit anderen. Sie wissen keineswegs, wer sie wirklich sind, und können den Wert ihres Tuns nicht einschätzen. Sie wissen lediglich, dass Sie sich auf Ihr Vorhaben konzentrieren und diesem Ihre gesamte Aufmerksamkeit widmen sollten. Fokussieren Sie sich darauf, wenn Sie möglichst gute und originelle Arbeit leisten wollen.

Großartige Unterhaltungen

Denken Sie an Menschen, für die Sie positive Gefühle hegen. An Leute aus Ihrer Vergangenheit oder Figuren aus Ihrer Fantasie. An lebende oder verstorbene, reale oder fiktive Personen, etwa aus einem Film oder einem Roman, der Ihnen gefallen hat. Stellen Sie sich vor, Sie machen an einem schönen Tag einen Spaziergang mit einem dieser Menschen. Unterhalten Sie sich mit ihm. Versuchen Sie, das Gespräch in Ihrem Kopf ablaufen zu lassen.

Sie können über alles Mögliche sprechen. Der andere

könnte Ihnen etwas erzählen, was Sie noch nicht wussten. Stellen Sie sich vor, eine Astronomin erläutert Ihnen, was es mit dem rückläufigen Merkur auf sich hat, oder eine Professorin für Kunstgeschichte weist Sie auf interessante Aspekte eines bekannten Gemäldes hin oder ein Koch beschreibt Ihnen ein fantastisches Mahl, das er einst für einen berühmten Filmstar kreiert hat. Oder – wenn wir schon dabei sind – stellen Sie sich vor, dass Sie selbst mit einem berühmten Filmstar spazieren gehen.

Nehmen Sie sich ein bis zwei Minuten Zeit, um zu versuchen, so ein Gespräch in Gang zu bringen. Und wenn Sie einen Gesprächsfaden gefunden haben, lassen Sie sich von Ihrer Vorstellung zu einem Spaziergang mitnehmen.

Sie müssen keine realen Themen behandeln. Stellen Sie sich lediglich vor, wie schön es ist, mit einem klugen, sympathischen Menschen spazieren zu gehen, der Ihnen Dinge erzählt, die Sie bisher nicht wussten.

Wie gefällt Ihnen diese Fantasie? Gibt es davon genug in Ihrem Leben? Sollte dies nicht der Fall sein, können Sie versuchen, einen Weg zu finden, eine solche Fantasie zu simulieren. Sehen Sie sich eine Dokumentation im Fernsehen oder auf YouTube an, um Ihren Geist zu unterhalten. Denn dieser möchte singen und tanzen, anstatt immer nur Probleme aufgrund defekter Rohrleitungen zu beheben oder Budgets zu verwalten.

Können Sie sich diese Art von Vergnügen bescheren? Probieren Sie es aus.

Sie können nicht **ALLES** kontrollieren

Rechnen Sie damit, hin und wieder durch Dinge blockiert zu werden, die vollkommen außerhalb Ihrer Kontrolle liegen. Jemand könnte ein Interview absagen oder vergessen, Ihnen Geld zu überweisen, oder im letzten Moment seine Meinung ändern. Sie könnten von einer Überschwemmung betroffen sein oder die Grippe bekommen.

Es ist unmöglich, diese Dinge zu verhindern. Daher sollten Sie es einfach akzeptieren, wenn so etwas passiert – und sich bewusst machen, dass die Situation nur vorübergehend ist. Sie werden mit Ihren Plänen bald wieder auf die richtige Spur kommen, falls Sie auf Rückschläge vorbereitet sind. Falls nicht, kann es viel länger dauern, leidvolle Gefühle und Enttäuschungen zu überwinden.

Machen Sie sich Folgendes stets bewusst: Rückschläge sind ein Teil des Prozesses. Häufig entwickelt sich etwas Interessantes daraus.

ERFOLG
FÜR DEN REST VON UNS

Diejenigen von uns, die ohne all die Tugenden geboren wurden, durch die berühmte Millionäre erfolgreich wurden, benötigen ein anderes Programm. Dieses muss stärker sein als die normale Willenskraft und jedwedes positive Denken. »Der Rest von uns«: Das sind Menschen wie Sie und ich.

Sind Sie ausdauernd? Ich bin es jedenfalls nicht. Es gibt keinerlei Diät, egal ob physischer, emotionaler oder finanzieller Art, bei der ich nicht bis spätestens Mittwoch gescheitert bin, wenn ich am Montag damit begonnen habe. Selbstdisziplin? Ich bin einmal gejoggt. Vor Jahren. Ich hatte nicht wirklich den Eindruck, dass es eine gute Idee war. Wie sieht es mit dem Selbstbewusstsein aus? Nach Erfolgsseminaren strotzte ich nur so vor Selbstbewusstsein. Dieses Gefühl hielt nach besonders guten Seminaren drei Tage lang an. Die anderen Erfolgsseminare vermittelten mir nur so lange ein starkes Selbstbewusstsein, bis ich bei der nächsten Bushaltestelle angekommen war.

Ich bin perfekt darin, etwas auf die lange Bank zu schieben. Und auf Momente voller positiver Gedanken folgt in der Regel ein Einbruch mit einer düsteren Phase. Wie eine wohlmeinende Freundin einst zu mir sagte: »Wenn du es schaffst, schafft es jeder, Barbara!« Und ich schaffte es.

Was war mein Geheimnis? Ich orientierte mich daran, wie ich Dinge in der Vergangenheit bewältigt hatte – wie ich die Schule geschafft, meine Kinder großgezogen, einen Job durchgehalten hatte – und lernte daraus. Wie ist mir all das gelungen? Nun, ich musste diese Dinge einfach schaffen. Ich hatte keine Wahl. Jemand erwartete von mir, dass ich ablieferte. Ich wollte nicht von der Schule fliegen, meine Kinder mussten etwas essen, egal in welcher Stimmung ich war, und ich konnte es mir nicht leisten, einen Job zu verlieren, weil ich nicht aufkreuzte.

So weit, so gut. Jemand wie ich, der über keine der Tugenden verfügt, die man angeblich braucht, um erfolgreich zu sein, konnte daher nur auf eine Weise agieren: Jemand musste mich dazu bringen, das zu tun, was ich tun wollte.

Denken Sie kurz darüber nach. Es ist wirklich einfach, aber doch wie Magie. Wenn wir tun, was wir tun müssen, sollten wir einen Weg finden, um das in Einklang zu bringen mit dem, was uns mit Freude erfüllt.

Und es funktioniert. Sie können es nicht auf eine bessere Weise gestalten.

Innere Widerstände Besiegen

Sobald Sie andere Menschen bei einem Vorhaben mit ins Boot holen, können Sie Ihre inneren Widerstände viel leichter überwinden. Aus irgendeinem Grund, der wahrscheinlich biologischer Natur ist, verringert sich unsere Angst, wenn wir mit jemand anderem zusammenarbeiten. Ich belege das gerne mithilfe der folgenden Übung:

Gehen Sie zu einem Bürogebäude, das Ihnen nicht vertraut ist, zu dem die Öffentlichkeit aber Zugang hat. Fahren Sie mit dem Aufzug bis zu einem zufällig ausgewählten Stockwerk und steigen Sie dort aus. Laufen Sie ein Stück auf dem Gang entlang und betrachten Sie die Türen. Wie geht es Ihnen dabei? Wahrscheinlich fühlen Sie sich ziemlich unwohl und befürchten, dass jemand Sie fragen könnte, was Sie dort machen, weil Sie keine Antwort darauf parat haben.

Bitten Sie dann einen Freund oder eine Freundin, dasselbe Experiment mit Ihnen gemeinsam durchzuführen. Sie werden feststellen, wie sich Ihre Angst in Spaß verwandelt. Sie werden immer noch befürchten, dass Sie gefragt werden, was Sie dort tun, aber es wird sich ganz anders anfühlen als bei Ihrem Alleingang.

So sind wir Menschen nun einmal gestrickt. So gerne Sie vielleicht auch alleine arbeiten mögen, Sie brauchen jemanden, der in Ihrer Nähe arbeitet, oder jemanden, der auf Ihren Bericht darüber wartet, wie Sie mit Ihrer Aufgabe vorankommen. Wir sind so geboren. Sie werden zahlreiche innere Widerstände überwinden, wenn Sie sich dessen bewusst sind.

Zu viel freie Zeit

Haben Sie sich je gewünscht, Sie könnten Ihren zeitlich eng getakteten Alltag gegen ein Leben voller freier Zeit tauschen? Das geht uns allen so. Es scheint eine ideale Situation zu sein. Sie könnten endlich Ihr Buch (oder was auch immer) zum Abschluss bringen, nicht wahr?

Wahrscheinlich nicht. Ich habe an ein paar Schreibseminaren teilgenommen, in denen stets einige Teilnehmer erzählten, sie hätten sich ein Jahr freigenommen, um ihren Roman zu schreiben. Doch jeder von ihnen war mitten im Prozess stecken geblieben. Diejenigen, die nur ein paar Stunden pro Woche und vielleicht ein paar weitere am Wochenende zur Verfügung hatten, kämpften sich dagegen stetig vorwärts.

Es ist nicht offensichtlich, bevor wir es ausprobieren, aber zu viel freie Zeit kann unseren Träumen sogar schaden. Ein berühmter Autor hielt einmal einen Vortrag, bei dem er von seinem ersten großen Vorschuss erzählte. »Ich bekam einen Vorschuss für drei Bücher. Es war traumhaft! Ich mietete mir eine wunderschöne Hütte in den Bergen, nahm meinen Hund mit und nahm mir vor, dort zu leben und meine drei Bücher zu verfassen. Aber ich konnte kein einziges Wort schreiben.

Daher gebe ich Ihnen den folgenden Rat: Ein Autor gehört in eine Wohnung über einer Bar oder einem geschäftigen Laden, irgendwohin, wo er aus dem Fenster blicken und viele Menschen sehen kann. Die Einsamkeit ist nichts für Schriftsteller.«

Vielleicht gilt das für die meisten kreativen Projekte. Bevor Sie also auf den Gipfel eines Berges ziehen, um Ihr Werk zu erschaffen, sollten Sie damit beginnen, die Zeit zu nutzen, die Ihnen im Moment zur Verfügung steht. Wenn Sie wissen, dass Sie die Arbeit an Ihrem Projekt zu einem bestimmten Zeitpunkt unterbrechen müssen, werden Sie die Zeit davor viel effektiver gestalten. Die meisten von uns brauchen weder so viel freie Zeit, wie sie sich wünschen, noch können sie damit umgehen.

Schenken Sie sich Schönheit

Wenn Sie zu Hause in einem Raum sitzen oder stehen, in dem Sie sich für gewöhnlich länger aufhalten, sollten Sie sich langsam umsehen. Lassen Sie Ihren Blick auf allem ruhen, was Ihnen gefällt. Sie können diese Dinge nach Belieben schriftlich festhalten oder eine kurze Skizze des Raums anfertigen und einfach jeweils mit einem »x« (oder einem Herz!) markieren, wo Sie etwas Schönes sehen.

Es geht mir nicht darum, ob etwas ordentlich oder sauber ist. Es geht vielmehr darum, einen Stuhl oder eine alte Uhr oder Lampe zu betrachten, die Sie gerne ansehen. Wenn Sie Ihre Erfahrung detaillierter festhalten möchten, können Sie all die schönen Dinge, die Sie erblicken, mit einer Zahl versehen, die für das jeweilige Glücksniveau steht. (Es ist stets ratsam, sich die Glücksniveaus bewusst zu machen und sich darin zu üben. Siehe dazu auch S. 22.)

Vielleicht gefällt Ihnen ein kleines Bild, das Sie aus einer Zeitschrift ausgeschnitten und eingerahmt haben, ein schöner Stoff, mit dem Sie ein Tischchen dekoriert haben, eine Vase mit Blumen, eine hübsche Schnitzerei an einer Kommode, die Sie vor Jahren in einem Trödelladen erworben haben.

Gibt es viele schöne Orte, auf denen Ihr Blick ruhen kann, und die Ihren Geist erbauen? Falls dem so ist, so haben Sie gut für sich selbst gesorgt. Sollten Sie jedoch feststellen, dass es nur wenige solcher schönen Details gibt, empfehle ich Ihnen, das zu ändern.

Kleine Dinge, wie etwa winzige Momente der Schönheit, tun Ihnen gut, so wie Vitamine und Sonnenlicht. Und alles, was Ihnen inmitten Ihrer täglichen Aktivitäten einen Moment des Glücks beschert, macht Ihnen bewusst, dass Sie ein Recht darauf haben, sich über etwas zu freuen, wann immer es möglich ist. Es zeigt Ihnen, dass Sie positiv über sich selbst denken.

Was ist nötig, um sich WÜNSCHE zu erfüllen?

Nun, Sie müssen weder perfekt aussehen noch die richtige Einstellung haben oder sich selbst immer wieder die richtigen Worte vorsagen. Sie benötigen drei Dinge, um Ihre Wünsche Wirklichkeit werden zu lassen:

Erstens Begeisterung, eine wahre Freude an dem, was Sie tun. Diese erzielen Sie, indem Sie Ihre Gefühle und persönlichen Vorlieben erkunden, denn Sie sind anders als jeder andere Mensch und können nicht dem Pfad einer anderen Person folgen.

Zweitens ist eine gute, altmodische Planung erforderlich: Setzen Sie sich Ihr Ziel und überlegen Sie, was nötig ist, um es zu realisieren.

Und drittens brauchen Sie andere Menschen. Menschen, die sich dafür interessieren, was Sie tun und was Sie begeistert. Einer dieser Menschen bin ich. :-) Mir ist sehr daran gelegen, dass Sie Ihre Träume umsetzen, und ich möchte sehr gerne wissen, was Sie begeistert.

Mit diesen drei Elementen an der Hand brauchen Sie weder eine positive Einstellung noch Selbstliebe, Willenskraft oder etwa einen unerbittlichen Erfolgswillen. Sie benötigen weder Mantras oder Selbsthypnose noch ein Programm zur Entwicklung Ihrer Persönlichkeit oder eine neue Zahncreme. Sie können positiv oder negativ gestimmt, gut oder schlecht gelaunt sein, sich freundlich oder griesgrämig verhalten – all das wird sich nur sehr gering auf Ihre Fortschritte auswirken. Denn wir können kein Ziel erreichen, wenn dies allein von unserer Stimmung oder Geisteshaltung abhängt. Es ist uns gelungen, unsere Schulzeit zu überstehen, zur Arbeit zu gehen, uns um unsere Kinder zu kümmern oder einen Garten zu pflegen. Dafür war harte Arbeit erforderlich. Und das gilt auch für unsere anderen Ziele. Sie haben jedoch keine Angst vor harter Arbeit. Das sollte Ihnen mittlerweile bewusst sein. Und Sie müssen nicht länger isoliert bleiben. Ich hoffe, auch das wissen Sie nun.

Sie wurden nun über viele Seiten hinwegbegleitet – von jemandem, dem die Erfüllung Ihrer Träume wichtig ist. Falls Ihnen das noch nicht gelungen ist, sollten Sie erneut von vorne mit der Lektüre beginnen. Es bedeutet lediglich, dass es etwas länger dauert als Sie denken. Falls Sie Ihren Traum verwirklicht haben, sollten Sie trotzdem zur ersten Seite zurückkehren und die Umsetzung eines neuen Traums in Angriff nehmen.

Sie haben mehr als nur einen. Das wissen Sie. ☺

Die letzte
BOTSCHAFT

Ihr Traum hat es verdient zu existieren. Ich hoffe, meine Botschaften haben Sie der Verwirklichung dieses Traums entschieden nähergebracht, denn er gehört Ihnen und ist zudem bedeutsam für uns alle. Wichtige Arbeit ist ausnahmslos das Ergebnis eines originellen Geistes, der mit großer Geduld einem starken Interesse nachgeht. Und noch etwas: Es gibt Menschen, die es interessiert, was Sie tun. Ich gehöre dazu, aber ich bin nicht die Einzige.

Inhaltverzeichnis

Einleitung 9

Warum sollten Sie einen Traum haben? 10

Sie sind für Ihre Träume verantwortlich 10

Echte Träume 11

Wenn Sie spüren, dass Sie besonders sind 12

Sie wissen nicht, was Sie wollen 12

Zu früh realistisch werden 14

Alternativen finden 15

Es gibt stets einen guten Grund, warum ein Traum Sie anzieht 17

Die Isolation ist ein Traumkiller 18

Andere um etwas bitten 19

Einen Vorschlag ablehnen 21

Herausfinden, was Sie begeistert: Glücksniveaus 22

Sie haben gute Gründe, sich nach einem Traum zu sehnen – vertrauen Sie darauf 23

Warum wehren wir uns gegen Dinge, die uns begeistern? 24

Sie haben stets eine Begabung für das, was Sie begeistert 25

Integrieren Sie Ihren Traum in Ihr Arbeitsleben 26

Sind Liebe, Erfolg, Geld oder Ruhm die Schlüssel zum Glück? 26

Ist es zu spät? 27

Sie sind nicht qualifiziert? 29

Einfach loslegen 30

Zunächst perfekt werden 31

Der Unterschied zwischen Sehnsüchten und Zielen 32

Das Ziel im Auge behalten 33

Sich für ein Ziel entscheiden – den Traum erkennen 34

Prüfen Sie, ob Ihr Traum Sie begeistert 35

Träume sind einzigartig 36

Den Kern Ihres Traums erkennen 36

Denken Sie am Anfang der Reise zu Ihrem Traum nicht ans Geld 37

Prüfen Sie, ob Sie sich absichtlich etwas vorenthalten 38

Was macht einen Gewinner aus? 39

Probieren Sie alles aus, was ungefährlich, günstig und neu

ist, wenn Sie neugierig darauf sind   40

Sie können Ihre Meinung ändern   41

An einem wunderbaren Ort leben   43

Kleine Freuden   44

Stützen Sie sich bei Ihrer Suche nach Träumen nicht auf Ihre bereits erwiesenen Fähigkeiten   45

Leidenschaft oder Liebe?   46

Ihr Zögern sollte Ihnen nicht peinlich sein   47

Langeweile   49

Bewahren Sie sich bei Ihren Erkundungen einen offenen Geist   49

Vertrauen Sie auf die Anziehungskraft, die ein Traum auf Sie ausübt   50

Wo gibt es solche Jobs?   51

Überraschende Jobs   52

Im Ausland arbeiten   52

Jeder Ihrer Träume hat Ihr Interesse verdient   53

Der Traum, in eine andere Stadt zu ziehen   54

Blockaden abbauen: Lösungsansätze   55

Nach Glück streben   57

Einfach mal was ausprobieren   57

Eine Ideenparty organisieren   58

Hart arbeiten und tun, was man liebt   59

Inspiration finden   60

Überlassen Sie sich Ihren Träumen und machen Sie den Realitätstest zu einem späteren Zeitpunkt   61

Begabungen mithilfe von Glücksniveaus erkennen   62

Den Vorstellungen anderer Leute entsprechen zu wollen: Ein Irrtum   63

Was in Ihnen steckt   64

Träume   65

Meine bescheidenen Fähigkeiten bringen nicht genug Geld ein   66

Wie Sie Kritiker überzeugen   67

Sagen Sie einfach Nein zum positiven Denken   68

Wenn Sie nicht gerne um Hilfe bitten   68

Die Scheu davor, den eigenen Vater zu übertrumpfen   70

Walter Mitty ist nicht Ihr Vorbild   71

Annahmen stets hinterfragen   72

Waren Sie heute gut zu sich selbst?   74

Unerwünschte Vergleiche und Freiheit   75

Ist es praktisch?   76

Wenn Sie Ihre Träume vergessen 78

Ein Mittel gegen Aufschieberitis 78

Fieslinge 79

Man kann sich seine Wünsche nicht aussuchen 79

Tricks, um Zeit zu finden 80

Egal welches Ziel Sie aussuchen, Ihr Traum wartet bereits auf Sie 82

Stress und Tränen 83

Ihr Alter 83

Angst abschütteln: Bekommen Sie einen Koller 84

Warum Sie denken, Sie wüssten nicht, was Sie wollen 85

Welcher Job ist gut genug? 87

Sollten Sie Ordnung schaffen? 87

Wenn es Ihnen nicht gelingt, den ersten Schritt zu machen 89

Lob 89

Der innere Widerstand hat eine Stimme 90

Geld 91

Sollten Sie versuchen, Ihr Leben zu hassen? 91

Der Blick auf andere 93

Abwarten 94

Häuser begeistern mich, deshalb möchte ich ein paar Dutzend davon 95

Die Angst davor, einem Wunsch nachzugehen 96

Zu viel wollen 96

Der Faktor Zeit – Verbündeter oder Feind? 97

Sie haben etwas Gutes verdient 97

Manchmal führen Probleme zu Lösungen 98

Wurden Sie in eine bestimmte Schublade gesteckt? 99

Konkurrenzkampf 100

Machen Sie nicht alles alleine 101

Machen Sie nur den Teil, der Ihnen gut gefällt 102

Geniale Pfade für unmögliche Träume 103

Innere Blockaden 103

Wenn Sie so tun, als hätten Sie keine inneren Widerstände 105

Ist man nie zu alt? 105

Zeitpanik – die Illusion, Sie hätten nicht genug Zeit 106

Überraschung bei einer Ideenparty 107

Introvertierte und Extrovertierte 108

Ausdauer 110

Sich lächerlich machen 110

Wann? Die Panikfrage 111

Müssen Sie bei null anfangen? 112

Was ist, wenn Sie nicht wissen, was Sie begeistert?   113

Vermeidungsverhalten   114

Sie haben seltsame Träume und kommen sich vor wie ein Narr?   115

Die Welt retten – ein unmöglicher Traum?   116

Was hindert uns?   117

Alles oder nichts   118

Ein unterbrochener Traum   119

Tun Sie so, als wären Sie jemand anderer   119

Vielleicht sollten Sie sich nicht intensiver bemühen   120

Emotionales Leid tut genauso weh wie körperliche Schmerzen   121

Was motiviert Sie?   121

Hemmungen in Gesellschaft anderer Menschen überwinden   122

In den falschen Traum investieren   123

Kochen und dabei die Welt bereisen   124

Rebellisches Verhalten   125

Welche Leistungen kann ich Unternehmen anbieten?   126

Sich mit anderen vergleichen   127

Depression und Sehnsucht   127

Meine Arbeit kommt mir dumm vor   129

Ich wollte so gerne   130

An einem Projekt dranbleiben   130

Erfolg tut gut   131

Von meinem Traum kann man nicht leben   131

Nach Alternativen suchen   132

Eine eigene Realität erschaffen?   133

Einzigartig sein   134

Können Sie etwas unterrichten?   135

Verbotene Gefühle   136

Der Irrglaube, einen Verlust schnell überwinden zu müssen   137

Der innere Widerstand und seine Masken   138

Unmögliches von uns selbst erwarten   139

Schnell die Lust an etwas verlieren   140

Sie dürfen träumen   141

Passion   143

Ist es egoistisch zu tun, was uns begeistert?   143

Schwächen   144

Experten   145

Typische Alles-oder-nichts-Gedanken   146

Ihre Pläne sollten so gut zu Ihnen passen wie ein maßgeschneiderter Anzug   147

Ungewöhnliche Bereiche   148

Zu sehr damit beschäftigt, anderen zu helfen   149

Lassen Sie den vergangenen Tag jede Nacht Revue passieren   150

Eine Aufgabe vermeiden   151

Angst ist eine Überlebensstrategie – und die Ursache für jeglichen inneren Widerstand   152

Blockaden angesichts eines großen Projekts   153

Loben heißt Mut machen   154

Perfektionismus   154

Erfolg   155

Nehmen Sie Ihr Leben wieder in die Hand – vergessen Sie, was andere denken   155

Möchten Sie ein Insider sein?   157

Der eigenen Intuition vertrauen   158

Formen des Widerstands   160

»Fangen Sie nichts an, was Sie nicht beenden werden«   161

Was bedeutet dieses Gefühl?   162

Falsche Überzeugungen entlarven   163

Der innere Puritaner: Vom Zwang, Spaß zu haben   164

Einen Traum aufgeben   165

Die Kraft der Glücksgefühle   166

Das Erwartungskarussell   167

Ich kann mir keine Reisen leisten   168

Die Panik bei den Hörnern packen   168

Selbstoptimierung   170

Die vielen Masken des inneren Widerstands oder: »Zunächst werde ich mich organisieren«   171

Die vielen Masken des inneren Widerstands oder: »Ich habe es mir anders überlegt!«   172

Die vielen Masken des inneren Widerstands oder: »Warum bin ich so müde?«   173

Schwere Aufgaben   174

Sie wünschen sich etwas, das keinen Namen hat   175

Respektieren Sie, was Sie begeistert   176

Trauer und andere Gefühle aus der Vergangenheit   176

Anstelle von Schuldgefühlen – die Freiheit, Träume zu verfolgen   177

Den inneren Widerstand austricksen   178

Ein Erfolgsteam finden oder selbst zusammenstellen   178

Ich reagiere immer noch so wie als Kind!   179

Gefühle   181

Wer ist Ihr Vorbild?   182

Jeder will doch das Gleiche   183

Der Tag hat nicht genügend Stunden, um meinen Traum umzusetzen   183

Haben Sie Angst, sich festzulegen?   184

Das Glück der Negativität   186

»Versuche, bei allem, was du tust, die/der Beste zu sein«   187

Hobby, Unterhaltung oder Beruf?   188

Kritikern den Wind aus den Segeln nehmen   188

Einen Job haben   189

Außergewöhnliche Träume   190

Was ist wirklich gut an Ihnen?   191

Der ideale Tag   192

Träume: Erkennen Sie den Teil, der Ihnen am besten gefällt   193

Wie lange sollte man an einer Sache dranbleiben?   194

Wie sieht Ihr Traum genau aus?   195

Sind Sie ein Scanner?   198

Unterschiedliche Botschaften – wer sind Sie?   199

Die Realität entscheidet darüber, was geschieht   200

Die Geschlechter und ihre Emotionen   201

Haben Sie einen toxischen Job?   201

Selbstvorwürfe   203

Selbstvertrauen   204

Blockaden bei Bewerbungsgesprächen oder Auswahlverfahren   205

Wovor haben wir Angst?   205

Ist Ihr Traum wirklich unmöglich?   207

Ist man gescheitert, wenn man eine Diät abbricht?   207

Selbstaufopferung   209

Es ist nicht nötig, an sich selbst zu glauben   210

An Schulen auftreten   211

Jemand versucht Sie zu einer Entscheidung zu drängen   212

Kleine Ablenkungen   212

Wer bestimmt über Ihre To-do-Liste?   214

Innere Widerstände respektieren   215

Blockaden mit Humor überwinden   215

Willenskraft   217

Glück: Männer versus Frauen   218

Können Sie nur eine Sache tun? 220

Ungewöhnliche Jobs (1) 221

Interessante Jobs 221

Gefühle 222

Abwechslungsreiche Berufe 222

Wenn Sie versuchen, Ihre Gefühle zu kontrollieren 223

Kritikern aus dem Weg gehen 224

Innere Widerstände auflösen 225

Gefangen in einem Streit 226

Einen kreativen Geist entwickeln 226

Ruhm und Ehre 227

Lassen Sie sich von niemandem erzählen, wer Sie sind 228

Angstgefühle 228

Vier Gefühle 229

Wann haben wir etwas »überwunden«? 230

Mein Traum ist unmöglich 230

Ein Trick, um loszulegen 232

Perfektionismus führt in eine Sackgasse 233

Blockiert durch eine schwierige Beziehung 234

Chronische Probleme 235

Was ist für Ihr Glück unabdingbar? 237

Haben Sie einen Hinweis bereits gelesen? 238

Negativität ist in Ordnung 239

Geldverdienen mit Schlange stehen? 240

Was macht einen guten Chef aus? 241

Der Unterschied zwischen »müde« und »ausgelaugt« 242

Zehn Sekunden pro Tag 243

»Tu es einfach!« 244

Von wegen Willenskraft 245

Das habe ich bereits überwunden 246

Verzweiflung als Motivation 247

Keine Zeit für Ihre Lieblingsbeschäftigung? 248

Gute Gründe statt Ausreden 249

Nach der Anfangsphase finden Sie jeden Job langweilig 251

Ein Team bilden 252

Jemand zum Verlieben 253

Schuld kann ein Powertrip sein 254

Leid zum Ausdruck bringen 255

Was tun bei einem Burnout? 255

Gefühle herauslassen 256

Kampf und Rebellion 257

Seien Sie gut zu sich selbst –
geben Sie sich Zeit nach einem
Sturz 257

Die Suche nach etwas
Falschem 258

Langeweile nicht tolerieren 259

Akademische Qualifikationen
oder Neugier? 259

Das Tempo drosseln,
wenn Sie einem Traum
näher kommen? 261

Angst vor
Selbstvermarktung 261

Warum tun Sie nicht, was Ihnen
Spaß macht? 263

Schlechte Beziehungen 263

Selbst Pech kann uns etwas
Gutes bescheren 264

Ihr Freundeskreis 265

Mit Gefühlen umgehen 266

Sich von einem Traum
verabschieden, um
weiterzukommen 267

Die Träume anderer Menschen
sind nicht für Sie geeignet 268

Der Gefahr auf die Spur
kommen 270

Wer sind Sie? 271

Der innere Widerstand liebt
Sie! 272

Erlernte Hilflosigkeit 272

Das wahre
Erfolgsgeheimnis 273

Ist es das Richtige? 274

Überfordert 275

Eigenwerbung liegt mir
nicht 275

Hochbegabte Erwachsene 276

Abenteuer 278

Die drei Phasen gespannter
Erwartung 278

Termine, die nicht
funktionieren 280

Ihre Familie ist dagegen 281

Beeindruckende Menschen in
Ihrem Leben 281

Hauptberuflich tun, was Ihnen
Spaß macht 282

Blockaden sprengen 283

Kritik 284

Eine Strategie entwickeln 284

Schlechte Jobs in gute
verwandeln 285

Egoismus und
Großzügigkeit 285

Eiern Sie nicht herum 286

Keine Angst vor einer negativen
Einstellung 286

Sich selbst zu schelten heißt, sich
etwas vormachen 287

Genug ist genug 288

Sie möchten glücklich sein? Eine
Studie empfiehlt: Kaufen Sie
mehr Essen zum Mitnehmen
und engagieren Sie eine
Haushaltshilfe 289

Sie bilden sich gern weiter und lernen gerne Neues?   290

Ich liebe die Kunst und die Vielfalt   291

Zu früh oder zu spät und warum?   292

Berufliche Konflikte   293

Führungspersönlichkeiten   294

Ungewöhnliche Jobs (2)   294

Wenn Ihnen der Fokus fehlt   295

Blinder Aktionismus bringt nichts   296

Sie müssen nicht immer alles erklären   296

Traum und Illusion   298

Fallen Sie nicht auf »Allmachtsfantasien« herein – fangen Sie an zu denken!   298

Ich sollte und müsste   299

Einmal pro Woche verrückt sein   301

Versteckte Begabungen   302

Falsche Überzeugungen   303

Seien Sie stolz auf Ihre Errungenschaften   303

Multitalentierte Menschen (Scanner) hassen Langeweile!   304

Bestnoten   305

Die Freiheit, Fehler zu machen   306

Umwege   307

Die Welt bestrafen   308

Wessen Traum versuchen Sie zu leben?   309

Wut   310

Wenn anderen unsere Träume nicht gefallen   310

Kummer vermeiden   312

Die Weiße-Elefanten-Party   313

Vergleiche   315

Großartige Unterhaltungen   315

Sie können nicht alles kontrollieren   317

Erfolg für den Rest von uns   318

Innere Widerstände besiegen   319

Zu viel freie Zeit   321

Schenken Sie sich Schönheit   322

Was ist nötig, um sich Wünsche zu erfüllen?   324

Die letzte Botschaft   326